王邦雄 —— 著

庄子七讲

北京联合出版公司

图书在版编目（CIP）数据

庄子七讲 / 王邦雄著. -- 北京：北京联合出版公司, 2019.11
ISBN 978-7-5596-3499-3

Ⅰ.①庄… Ⅱ.①王… Ⅲ.①道家②《庄子》—研究 Ⅳ.①B223.55

中国版本图书馆CIP数据核字(2019)第156666号

本书由台北远流出版公司授权出版中文简体字版，限在中国大陆地区发行。
本书中文简体字版权归属于银杏树下（北京）图书有限责任公司。

庄子七讲

著　　者：王邦雄	选题策划：后浪出版公司
出版统筹：吴兴元	编辑统筹：梅天明
责任编辑：昝亚会　夏应鹏	特约编辑：张　妍
营销推广：ONEBOOK	装帧制造：墨白空间·张萌

北京联合出版公司出版
（北京市西城区德外大街83号楼9层　100088）
北京天宇万达印刷有限公司印刷　新华书店经销
字数150千字　889毫米×1194毫米　1/32　8.25印张
2019年11月第1版　2019年11月第1次印刷
ISBN 978-7-5596-3499-3
定价：45.00元

后浪出版咨询(北京)有限责任公司 常年法律顾问：北京大成律师事务所　周天晖 copyright@hinabook.com
未经许可，不得以任何方式复制或抄袭本书部分或全部内容
版权所有，侵权必究
本书若有印装质量问题，请与本公司图书销售中心联系调换。电话：010-64010019

自序　回归天真本德的自然美好

　　《庄子道》刊行至今，已经过了二十五个年头，原初是演讲实录，为了使内容保有现场演讲者与听众直接照面的氛围，尽可能对其不做润饰。或许直白的语气表达，对错过现场的读者朋友来说，会因比较有亲切感而更容易接受吧！

　　当初开讲《庄子》，适值先母过世不久，生命承受大悲苦、大哀伤，正与庄子"可不谓大哀乎"的存在感受隐然密合。故流动在本书字里行间的，不是知识理论，而是生命悲情。

　　且多年来自家生命亦困陷在儒家式的深切自责中，俗世人情几近自我放逐，写作讲学不断，聊以补过而已！学人英雄的形象，早已解消放下，只在人间散步，做个散人罢了！或许，这一份散人的心情，正道出了庄子独步千古闲散自在的意态与风貌。

　　这本书先后由汉艺色研与里仁出版，几经转折再由远流重新整编而成《庄子七讲》。为了拉近时间的距离,也为了要以全新的面貌跟读者见面,除了将全书做了让自己可以接受的大幅修正之外,还在各篇讲词之后,补上了主题寓言的内涵说解,让读者可以抓得住其中微妙的义理转折。且全书七讲次皆依循贯穿其中的纵轴线去展开铺陈,某些重要段落只得割舍,所以最后附录了各篇理路架构的简表,内七篇的完整轮廓可以一览无遗,不会有未见全貌的缺憾感。

在增订之外,又开显新义,某些关键性的理念解读,已有所进展与突破。如《人间世》说心斋功夫的"心止于符",当年的理解依据的是近代西方知识论之主客对列的思维模式,做出了"主体的心知,要去符合外在物象"的诠释。这一说解与庄子所面对的"未达人心"又"未达人气"之救人反成灾人的痛切反省,根本不相应。"心止于符"的意涵,说的是心知最大的功能(即所谓止),就在责求天下人要符合我的心知所执着的价值标准。这样把价值标准定在自身,是人间世界最大的偏见,而责求天下人一定要符合我定在自身的价值标准,则是不可能被接受的天大傲慢。当前全球人类最大的苦难,就在集偏见与傲慢于一身之意识形态的对抗与决裂。不论在宗教信仰、族群认同、权力斗争、党团分裂、劳资纠纷、阶级对抗方面,还是在东西方的文化歧异,甚至南北半球的开发失衡方面,这一心知执着的价值二分,均落在集体禁闭与集体催眠的无解困境中。道家思想开出的针砭药方在,双方都要真切地体认:人家只是跟我们不同,人家不一定不对。

此所以庄子要我们"无听之以心,而听之以气"。"无听之以心",是心知不执着,心不在他的心之外,就可以"达人心";人为不造作,气也不在他的气之外,就可以"达人气"。"心"同在且"气"同行,人间"救人"就不会扭曲变质而反成"灾人"。

此外,《德充符》所说的"才全而德不形","才"是草木之始生,指称的是天生本真的"德","才全"是保有天真;"德不形"是修养功夫,德不形于外,就是德充于内。既无心天真,也就可以如办家家酒的两小无猜一般,没有嫌隙,没有猜疑,也无须防卫地符应于外了。故《人间世》中"心止于符"的"符",是心知的执着,而《德充符》的符应于外,则是心知的解消。前者显现的是负面的意义,后者显发的则是正面的意义。

人活一生,要保有两大品质,一是可靠,二是可爱。文化传统两大家开启的人生智慧,儒家说有心,心是天理良心,当然要"有",教导我们做个可靠的人;道家讲无心,心是心知执着,当然要"无",启发我们做个可爱的人。当前人生的难题,在人既不可靠,又不可爱,此所以人间街头满是人潮,每一个人却显得孤单无助,落寞哀伤。因为人寻求可靠,皆往神明找；人寻求可爱，皆往宠物找。

我们要问的是，何以宠物可爱，而人不可爱？常识性的认知是，猫狗对主人的体贴在其心智年龄一直保持在三岁半至四岁半之间，正好是最可爱的阶段。就庄子的理解来说，人跟飞禽走兽最大的不同，在人为万物之灵，"灵"在人的"心"已被开发出来，而仅属万物之一的猫或狗，"心"却未被开发出来。"心"的灵，可能扮演上帝的角色，也可能以魔鬼的姿态出现。"心"的灵在虚静明照，可以照现本德天真的真实美好；而"心"有"知"的作用，"知"的本质是执着，心知一起执着反而禁闭了天生而有的本德天真，如只问目的而不择手段的权谋算计，生命的真实美好就此失落。猫狗的"心"，未见开发，不会摆荡在上帝与魔鬼之间，反而保护了本德天真在每一当下的自然呈现，永远无心机、无算计，永远纯真可爱。

《大宗师》有云："其耆欲深者，其天机浅。"官能欲求是生理的实然，嗜欲是心知的执迷狂热，嗜欲深则是人为造作所拖带出来之情识的陷溺。"天机"，成玄英解为"天然机神"，依我的体会，这说的是天生自然，可以在生命的每一当下，应机如神，神感神应而与物同在同行。天机浅薄，就是人为干扰妨害了自然，而失去了直接感应的生命灵动。

此外，《秋水》篇有则寓言，就在单足之兽与百足之虫，以及百足之虫与无足之蛇的对话问答中展开。单足之兽问道，我仅恃一足,在跳跃中颠跛前行,已显得窘困艰难,阁下还要指挥百足同步并行,请问要如何办得到?百足之虫答道,百足同步并行如同唾者喷雾无数一样地天生自然。"今予动吾天机,而不知其所以然",百足并行既说是启动我的天然机神,却又说我自身也不知何以会如此的道理,实则意谓无心自然的生命灵动本身就可以应机如神。再看,百足之虫问道,我鼓动百足并行,反而赶不上阁下无足可运的速度,请问道理何在?无足之蛇答道,我扭动我的背脊腰胁,快速前行,那纯粹是天然机神的启动,是无可取代的,足对我而言,根本是派不上用场的。

从这两段对话问答来看,单足之兽、百足之虫与无足之蛇,与宠物猫狗等同,都是天生自然的天然,也都是应机如神的机神,那是人人天生而有,物物本自具足的本德天真,无须修养就可以"游乎天地之一气"(《大宗师》)的生命灵动。吊诡的是,人的"心"已开发出来,心知的执着,加上人为的造作,反而禁闭了"天"生自"然"的应"机"如"神";而鸟兽虫鱼的"心",未开发出来不会执着造作,反而一直保有天生自然之应机如神的生命灵动。故人物走上人间,展开人生的行程,就庄子道开启的人生智慧而言,人物要保有纯真可爱的品质,就有待"无听之以心,而听之以气"的修养功夫了。"无听之以心"可以达人心,而"听之以气"可以达人气,启动了天然机神的生命灵动，心与万物的心同在，气与万物的气同行，心开显道体之一体无别的理境，气也游乎天地的一气之化中。那个时节，人物有限，我可以"逍遥"而游，人间复杂，我可以平齐"物论"，一切的困境难题，不就可以消解于无形了吗？

王邦雄　谨序于永和家居
二〇一八年五月

目　录

逍遥游——自我的成长 ·· 001

人生的困苦就在我们执着太多，想要太多，"逍"就是把人的执着消掉，"遥"是开发无限的精神空间，没有束缚，没有压力，没有挂碍，没有牵累，如此，则世界无限宽广，人间到处可游。

齐物论——物我的平等 ·· 037

齐物论讲求物我的同体肯定，平齐物论，万物归于平等，每一个人彼此欣赏，让双方的"是"显现出来，大家一起得救。想要解开让生命受苦的无形枷锁，就必须解消心知的执着分别，在没有分别的世界里，我们才能得到真正的自由解放。

养生主——存在的困局 ·· 081

"养生"之主，在养"生主"，生主即生命的主体。怎么样去养生？就在养"心"，无掉心知执着，你无名就无刑，心里面没有名，没有优越感，没有分别心，人生每一阶段便能免于刑害而自在安适，"当下即是"且"所在皆是"。

人间世——人世的难关 ·· 115

人间世有如天罗地网，我们每一个人都被网罗困住，无所选择，既然解不开也逃不掉，无所逃又不可解，就安了吧！不讨厌自己，不跟别人比，通过人生这两大关卡，你便释放了自己，同时也释放了他人，从自困自苦走向自在自得。

德充符——天生的桎梏 ……147

"德"充于内,再符应于外,这样在与人相处时才不会出问题。显发我们的心灵,保有天真,让我们的心更大,可以包容别人。所以每一个人要"善刀而藏之",把自己的锋锐收起来,不会因为自身的精彩亮丽,而迫使别人黯然神伤。

大宗师——真人的修行 ……177

将逍遥游由下而上的升越,与齐物论由上而下的观照,统合而成一个圆,天人契合为一,就是"大宗师"。人无心无知无为,不执着造作就是"真人",真人以天为宗,以道为师,把"知"养到"不知",体现天道的生命人格之大。

应帝王——无冕的帝王 ……209

"应"就是因应无心,帝王,是世界上最自由的人。我把自己放下来,我无心,那时候我最自由,因我不跟人家争,不跟人家计较,所有的束缚、禁忌、顾虑、压力都没有了。所以只要应物无心,我们就是无冕王,就像皇帝般地自在了。

附录　内七篇的理路架构 ……241

逍遥游——自我的成长

人生的困苦就在我们执着太多,想要太多,
"逍"就是把人的执着消掉,
"遥"是开发无限的精神空间,
没有束缚,没有压力,没有挂碍,没有牵累,
如此,则世界无限宽广,人间到处可游。

功德归给母亲

  家母过世的那几天,不论是在上课还是在演讲,我都有种感觉——我站在讲台上是帮妈妈出来说话,假定演讲是功德的话,所有的功德都归给我的母亲。《庄子》第一讲《逍遥游》,

其所表达的内涵跟我当时的心情大不相应。不过我想哲学或宗教，总是在人最软弱、最苦痛、最忧虑、最劳累、最伤心的时候，让我们的生命最贴近天道。我有一个感想——社会最干净、最和谐的地方，除了宗教的殿堂之外，就是医院加护病房外的家属休息室，这是人间最没有距离、最没有心机、最没有竞争，可以完全放下、完全感通的小社会。

所以，伤感时候、痛苦时候，也是我们跟上帝、佛陀、天道最接近的时候。我一直觉得人会流泪，借着眼泪可以洗净我们的灵魂，就像下一阵大雨可以洗净台北的尘垢污染一样。所以，天下女士的清新、敏锐，都能超越天下的男士，其最大的原因就是女士喜欢掉眼泪，随时把人间的困苦都洗掉了，而恢复她原有的清新、原有的感动。人生在世一定有很多问题，困苦、忧愁、病痛，甚至老死，都会开启我们对人间有限性的感受。人是有限的，医学是有限的，但是我们的愿望无穷。我们希望每一个人都天长地久，但我们总要面对我们最亲近的人离开我们，所以科技、医学还是有它们的极限。

包容有限，开发无限

不管是哲学还是宗教，永远面对的问题是：它要同情人的有限性，对人生的悲苦、忧愁，一定要有一份包容、一份支持。所以宗教永远是最动人的，宗教对人的有限性给出最大的同情与无限的包容，同情苦难，包容罪过。儒家认为那是我们的命，道家认为存活总是牵累，人生有很多的命限，所以宗教哲学一定要去同情人的有限性；另外，它还要给出我们困境中的希望，给出我们未来的出路。

人生是如此困苦，但是我们总向往无限。人有苦业，但是人可以成佛；人有原罪，但是人可以得救啊！上帝来救赎每一个人，上帝的恩宠，救赎每一个有罪的人。儒家认为每一个人都有命，但若是突破命限，人人皆可以为尧舜，人人都可以成圣成贤。以道家的观点来看，人生不免劳累困苦，但人生也可以自在。对庄子来说，转俗成真就是逍遥无待。

人生是从我们的有限性出发，从人的软弱、人的无依无靠、人的悲愁、人的困顿艰难出发，但是我们希望找到一条生命提升的道路。心灵引领形气往上走，这叫"形而上"；我们被有限性困住，那叫"形而下"。我们的心执着形气，只求成其器用，反而为器用所绑住，心为物役，执着形气往下掉，就由此说形而下，苦业、原罪、命限，还有劳累，都是从"气"来。体能有限，人会病痛老死，但精神、心灵不会，我们的精神、爱心不会在人间消失。所以，人永远要从"形而下"转向"形而上"的路上走。人物是"器"用，心灵引领形气，往"形而上"的"道"走，走这条路就要去求道、修道、证道，去行道人间，也就是"形而上"的道行。我想各大哲学体系、各大宗教信仰都有共通的道理，今天我们要讲《逍遥游》，就是这样的思路。道家教导我们，首先还是要面对人的有限性。

人生困苦不在"物"而在"心"

"逍"跟"遥"，我们可以分开来解释（此处我根据的是王船山及顾桐柏的解释）。"逍"就是人生取向往"消"的路上走，对于人的有限性，我们要去消解，要"消尽有为累，远见无为理"。道家最大的感受就是走人生路是很累的，人会很累就是因为人有为，想要抓住某些东西，想要大有作为，这些在道家叫人为造作，这样一来就让人受到很大的束缚，有很大的负累。所以逍遥游就是要我们消尽有为的累，一旦把我们的苦累、有限性消掉以后，就可以远见无为的理，"遥"即为"远"的意思。故王船山说"逍"是"向于消"，"遥"是"引而远"也，"向"是人生的方向，即我们要往消解的路上走。老子言"为学日益，为道日损"，大多数的人都为学日益，不管做什么事，都想要每天增益，抓住名利、权势，在地位、身份、财富、权力方面每天都想法子成长，世俗人心向来如此。道家觉得，人生的苦恼、忧愁、劳累，就是因为人每天欲求增长，而且欲求永远停不下来。即以享有荣耀来讲，这本应该是件很好的事，但每天都想听到掌声，得到肯定，这就是一个永远填不满的无底洞，哪一天失去了这些，就会觉得自己一无所有，好像整个社会都不支持我们了，突然之间就会觉得自己很难活下去，因为每天已习惯于风光喝彩。所以，无论是成名或享有荣耀，那想要得到的念头，永远是我们的负担。求道就要减损，要消尽有为的负累。"向于消"即人生的路要走向消解，要消解人物的有限性，消掉有心有为的人为造作。

儒家认为人生的问题是因为我们有命限、有物欲，人虽有良心，但物欲会把我们的良心往下拉。譬如权力欲太强的、名利心太重的，或面对强烈竞争的人，其良心往往被抛到一边，只想到欲求。对儒家而言，我们的问题是出在我们的物欲；但对道家来说，不是我们的物出问题，而是我们的心出问题，因为我们的心会起执着，执着名利、权势，什么都要、都想抓住，这个才成为我们的问题。以道家言就是要消解心知执着与人为造作——这叫"消尽有为累"，然后才能"远见无为理"，体现无为的理境，这样才能逍遥。

消解有限，走向无限

我们首先要反省的就是，我们活在人间能不能"游"，能不能自在自得，而游于人间世。所以憨山大师解释逍遥为广大自在。人生在世我们要"游"，"游"就是自在，现在的名词叫自由，叫解放——道家不讲解放，道家叫消解，精神的解放让我们自由，传统的说法叫自在。游就是自在，不论我们在哪里都可以自在，没有忧愁、困苦、烦恼、压力、郁闷，这叫自在。人生要能够自在，是因为有一个开阔的心灵世界。

台北给我们最大的感受就是太挤了，整个台北街头任何时间都是人潮，都是车队。太挤了就让我们很难"游"得起来，所以每个人走在路上都匆匆忙忙，都有压迫感，奔走于途，颇有四处流落的感觉。我们缺乏自在，就没有美感。自在来自宽广，宽广就是远大，远大就是很开阔，人在开阔的世界里才"游"得起来，才会自在。置身在广大的运动场，小朋友就可以自在地游戏和活动；整个校园很开阔，每个人在里面都可以自在地游，捉迷藏的捉迷藏，打球的打球，聊天的聊天，都可以自在。

但这自在必须要有开阔的空间，我所说的开阔的空间是从精神上说。世界为什么会开阔呢？因为我们都不要。什么时候我们最自在？就是消解人间名利心跟权力欲时，不要跟人家比赛，不要抢第一，刹那间就会觉得很自在。上班的时候会有哪个人心情很好？散步的话大家心情就很好，因为散步是没有目标的走路。庄子认为最悠闲的人叫散人，这样的散人叫真人，他们很闲散地从人间的排行榜跳出来。众人都在追求名利,竞逐权势,但是真人跳出来,把它消掉了,心里面不执着名,不执着利,不执着权势,所以他的世界突然变得很大,海阔天空,他什么地方都可以去。平时我们什么地方都不能去,都不敢去,因为我们有太多的忌讳、太多的想要、太多的追求、太多的执着……以致让我们失去原本的自由。人的精神本来是无限性的,心灵是到处都可以去的,有无限的自由。但是我们的心掉下来了,心变成有心,有心的话就变成有名,有利,有权势,会跟人家奔竞争逐,要排名,要排行,这样一来就会失去原本的空灵,因此我们就会变成一个很受束缚的人,很没有情趣的人。

由此我们可以了解到道家要讲的是我们的心要减少执着,如此世界才会无限开阔。人拥有无限开阔的空间,人间到处可去,到处可游,这就叫"逍遥游"。"逍"是消掉人的有限性,"遥"是开发无限的精神空间,这样人就可以做个散人,在人间散步,悠闲而自在,没有束缚,没有压力,没有挂碍,没有牵累——这叫"游"。今天我们讲的逍遥游,就是这个意思。人生的困苦就在我们执着太多,想要太多,"逍"就是把人的执着消掉,消掉以后就会变成没有忌讳,没有压力。什么时候我们会变得最好?就是当我们不想去争取第一的时候,突然间会感觉这个世界好大,好开阔,到处都可以去。既然世界无限宽广,那么人间到处可游,因广大而自在。

人生问题在于"在"与"得"

人生永远面对两个问题。第一个是我的"在",我们活在这个世界叫"在"。我们的"在"是从父母来的,万物的"在"是从天道来的,天道生万物,父母生儿女;从政治来说是圣人"生"百姓,所以我们拜天地,拜父母,拜祖宗,拜历代圣贤,因为我们的"在"是他们生成的。所以我们每一个人都命定地要走我们父母的路,他们也许不存在了,但是我们在啊!妈妈在人间消失了,但是我在啊!所以我一定要讲课。我也会老,但是我儿子在啊!我儿子也会老,但我儿子的儿子在啊!所以,人生第一个问题是"在"的问题,人生的开端是"在",即人被生下来,来到这个世界。这是第一个问题。

但当我们"在"了以后,人生还没有完。我们要问第二个问题:我们"得"到什么?我们"有"什么?我们的"在"及我们的"得"是人生两大问题。人在病痛时,我们只希望"在",在面对死亡的时候,我们只希望从死亡的边缘走回来。我们所有的祈祷、所有的礼拜,就是希望上帝、佛陀让妈妈活着,因为"在"是第一个问题;当妈妈活着的时候,我们祈求妈妈能得到幸福、心灵平安,有她的"得"。所以人生的

"得",大概是指我们的"德行"和"福报",而且我们经常觉得是因为我有德、有福我才在。

自在自得与他在他得

我们不大认为人活着就只是活着,人要先存在才求得;现在一般人的思考是我得了以后才在,假定我没有德、没有福的话,我这个人仿佛一无所有,"在"也等于"不在",这叫空虚。故这两个问题是很难分开的,第一个——我们如何来到这个世界;第二个——人活着有什么。人不光活着,活着要有尊严,要有价值,要拥有某些东西;若一无所有,人生就很空虚,不就白白过这一生吗?所以人在活着之外,还要求"得"。但是我们的思考可能逆反回来,是我"得"了,我才"在"。比如有些人会觉得没有掌握权力就仿佛没生命一样;有些人觉得若没拥有财富,他就不算活着;有些人觉得若没有成名,他就不算活着;有些人觉得若没有掌声、喝彩和知名度,他就没有活着。当"得"的时候,他才觉得他"在"。所以他才会投入到人间社会的长期竞争中,去追逐名气、权势、财富,否则他会有危机感。有人每天一定要翻开存款簿看看才觉得自己还活着,为什么?因为他"得"啊!所以他理所当然全部精神投入到人间社会名利、权势的角逐中。那种"在"那种"得",叫他在他得。怎么说呢？比如选举，当选才算"在"，但是能不能当选是由别人投票，所以"在"与"不在"是别人决定，故言他在他得。

我觉得人生一定要找到一条自在自得的路，譬如读书、修养、做人、行道，这些我们自己可以决定，而且只要实践就有所得，都是我们自己去做，我们自己可以决定，故言自在自得，所以生命的起伏不大。我有位生意界的朋友告诉我："王博士，你很忙喔！你每天都跑来跑去。"他的意思是我到处演讲；我答以我虽然很忙，但是我心情都一样。因为我在讲永恒的东西，讲孔子、孟子、老子、庄子，讲哲学、宗教，我的生命没有很大的起伏。我告诉他："你们就跟我不同，你们的忙是涨跌互见，一下子涨停板，一下子跌停板，这样的话生命没有安全感。"我讲孔孟老庄有安全感。人生的安全感很重要，我早上出门，我知道我傍晚可以回家，而且家不会跑掉，所以我放心出门；我晚上放心睡过去，因为我知道我明天会醒过来，而且爸爸还爱我，妈妈还爱我，兄弟还是兄弟，夫妻还是夫妻，我才会放心睡过去。人生是靠恒定的亲情友谊活下去的，不是靠社会新潮、流行、时髦等变动的东西活下去的，变动的那些是让我们活不下去的原因。为什么心情这么差，是因为社会变动太大。一下子在高峰，一下子在深谷，那个叫他在他得。

什么叫"逍"？"逍"就是把那个"他"消掉。什么叫"遥"？"遥"就是把"自"活出来。我们要消掉外面决定的东西，然后才会给出自己在、自己得的情境；他在他得是靠不住的，是别人决定的。我们一般人要靠社会的景气来带动我们，若社会不景气，我们要不要活下去？所以，我们不能靠景气，要靠修行，人修行的话，每天一定自在自得；故"逍"就是把我们对人间过度的依赖消掉。我永远靠自己的力量去得到什么，自己在也自己得。譬如读书，每日读就每日有所得，所以不管怎么晚，我临睡前起码要看几页书，因为读了书我才在。我跟朋友在一起，我才在；我教学生时，我在，同时我得。我觉得这是人生最稳当的道理，这是不变的，因为我们是自己在自己得，而不是他人让我们在，让我们得——"他"就是外在。但我们希望是自在自得，故所谓"逍"就是消掉我们内心的执着及对外界的依赖，依赖减少了，则自在也自得的比率就增加了，这叫逍遥游。

自在自得才是逍遥

《庄子》第一篇叫《逍遥游》。逍遥游可不是从天上掉下来的，而是从人间的困苦悲愁开端，从执着、负累与伤痛中省思要如何解消，而远离人生的有限性，并给出无限的精神空间，可以做个散人在人间散步，可以自己在、自己得。在自在自得中，我们才是自由的，才是无限的。假定我们困在人间的他在他得中，一切靠别人给我们，靠别人决定，求排名、争排行的话，我们就失落了可能有的自在自得的人生。庄子讲逍遥游的重心就在此。

我们来看《逍遥游》"大鹏怒飞"的寓言。《庄子》的义理通常都寄寓在故事情节中，而且主题寓言通常安排在第一段出现。"北冥有鱼，其名为鲲，鲲之大，不知其几千里也。"北冥就是北海，但非指一般海洋，故以"冥"名之。老子用"玄"，庄子用"冥"，此"冥"为孕育生命的大海，是形而上的生成，是万物的根源之地。鲲为鱼子，鱼子很小，但庄子说："鲲之大，不知其几千里也。"此所以大家都觉得庄子的想象力太强。庄子说他自己是"谬悠之说"，所以后人解读就说他是滑稽的开端，他的"荒唐之言，无端崖之辞"，是文学性的语言，甚具想象力。他可不是随意写的，北冥是孕育生命的大海，而生命最大的特质就是会成长，或许刚生下来还小，但是它会长大，所以告诉我们生命存在是"由小而大"的成长，可不是滑稽的开端。这是寓言，寓言就是把大道理放在故事的背后。

"化而为鸟"，这条大鱼转化而变成一头大鸟，名字叫鹏，故曰大鹏；"鹏之背，不知其几千里也"，鹏的背也有几千里那么大。但它从鱼化成鸟往天上飞，这"由大而化"的飞跃，意谓一个生命的超越与境界的提升。由小而大是生命的成长，由鲲化为鹏则是生命的飞跃，是由地面往天上起飞。庄子的寓言说的鲲是鱼，鹏是鸟，而他想讲的却是人的生命。庄子告诉我们人生就是在生命的大海里面，生下来时很小，但是我们会成长，不光是形体的长大，而且是境界的提高。人会转化，会升越，会往上起飞，会飞上几万里的高空。

"怒而飞，其翼若垂天之云"，大鹏鸟奋起而飞翔，它的翅膀就像云垂天旁，一张开就遮住了半边天；"是鸟也，海运则将徙于南冥"，这只鸟在海上长风吹起时，就顺应风向往南飞去，由北海飞到南海，此南海名为南冥。这还是形而上的海，是天上的海洋，不是人间的海洋。道家讲人的修养、修行，是跟"自然"结合在一起的，人本身的成长由小而大，由大而化，还要回归自然，跟天地结合，人的大化加上自然的大化，同体流行。

天国在人间不在新大陆

"南冥者，天池也"，人生要从北海飞到南海，好像北海是苦难，南海才是美好。所以庄子才说："南冥者，天池也。"天池即天国、天上。人本来是活在人间的，只要你的心神往上飞跃的话，人间可以成为天国。我们在诠释《庄子》时，要看各篇的系统来解读。我想人间有苦难，不是世界不好，是人不好，故只要经由修养以后，让人转成真人，那人间就是天国了。

对这一篇最重大的误解就是，人生的理想仿佛就是由北海飞到南海。我看庄子绝对不是这个意思，假定我们人生只是逃，由北冥逃到南冥的话，那何须讲由小而大，由大而化？在庄子来讲，人生不大理想是因为我们太小了；只要我们的心胸开阔，我们的精神起飞的话，每个人有大心胸、大气魄，有大修养、大成长、大飞跃，这样的话北冥就是南冥，人间就是天国了。

不要误解庄子想逃。好像大鹏鸟就是波音747飞机，搭上飞机就如大鹏鸟起飞了，飞到哪里？飞到新大陆。庄子不是这个意思。所以这里用一只小鸟来跟大鹏鸟对话，小鸟是配角，小鸟觉得"大鹏怒飞"不可思议，就发表感言："大鹏鸟，人生的逍遥何必像你这个样子，要长得那么大，飞得那么高？像我小麻雀在矮树丛间飞来飞去也很逍遥。"他就用一只小鸟来嘲笑大鹏鸟，嘲笑它飞得那么高，那么远；而小麻雀从这一树丛冲上另一树丛，有时中途掉下来，也没有什么折损，再爬起来就是了，仍然逍遥自在。小麻雀言下之意是大鹏鸟你掉下来可就不得了！直升机掉下来问题还比较小，波音747飞机掉下来就问题大了。庄子要说的是小麻雀不了解大鹏鸟所追寻的生命理境。

人由小而大，由大而化，再跟自然的大化结合，转北冥而为南冥，南冥天池不离北冥人间，所以人间而成天上，在传统哲学来说就是"天人合一"，不管是儒家或道家，这是一个共同的精神所在。

在此，引用一位西方文学家讲的小故事：有一回天堂开放，世界上几乎每一个人都排队进入天国，大家都进去了，最后有一个人却拒绝进去，坐在门外。人家问他："难得天国开放，为什么你不进去？"他回答说："原班人马都进去了，还叫天国吗？"就好比我们现在把地球上每个人都送到月亮上去，月亮就成了乱世灾区，会一样地污染、混乱。所以不是把每个人放到天国就好，而是人要蜕变转化，修养成天使般的真人，人间才能是天国。假定人依然故我的话，把这批人送到天国，天国也会变成人间，那个时候最可爱的地方可能是地球，从月亮看地球会觉得地球好美喔！

"大鹏怒飞"的寓言，启发我们追寻人生的理想，根本在人自身的改变。这个世界本来没有什么生态问题、环保问题，是人过度开发才让世界出了问题。以台湾来讲，治安恶化，毒品泛滥，生活品质在下降中，就算我们拥有很多财富存底，但我们过的不是有精神高度的生活，所以我们要多讲人文，讲哲理。

庄子说人生四层次

"南冥者,天池也。"我们期待自己家乡成为天池,虽然不知何年何月才会实现,但是我们总知道一点,一定要由小而大,由大而化,且要和整个自然结合,不要过度开发,不要破坏生态。当然道家所说的是境界的自然,不是我们今天所讲的现象的自然,我们只是借这个意思来说。道家的自然是天道生成万物的自然,不是指原始丛林的自然现象,"道法自然"的"自然"是指自己永远如此的自己在,自己得;他在他得是他然,自在自得是自然,人生的抉择在你要自然还是要他然。这是《逍遥游》借"大鹏怒飞"的寓言来告诉我们,人生的道路要成长与飞跃,去追求人生的理想境,那就是"天池"。

在"大鹏怒飞"的寓言之后,紧接着讲人生的四个层次。人生的第一个层次就是:"知效一官,行比一乡,德合一君,而征一国者。"即他的才智可以尽一官的职责,他的行谊可以得到一乡之人的肯定,他的品德可以得到一国之君的赏识,且可以得到一国之人的信任。这在一般世俗的眼光看来,这种人有功有名,可以说是最成功的人。

"而宋荣子犹然笑之","之"指方才所说有功有名的人,宋荣子嘲笑他们有功有名,因为他们有求于外。功名来自一国、一君、一乡、一官,这些都在主体之外,由外在而得,是由他而在,由他而得。人一有求于外,就会失去自主权,所以宋荣子犹然笑之。"定乎内外之分，辩乎荣辱之境。"他认为"内"才是荣耀，人活在内（自己）才是荣耀；人有求于外就是辱，人希望得到天下的恩宠，这对人本身就是一个很大的屈辱，就会让人失去人格自主权。譬如"我"好不好，"我"活得好不好，都是由别人决定的，"我"自己一点信心都没有：你看"我"怎么样呀？你看"我"今天快乐吗？你看"我"值得再活一天吗？……用不着问这些，我们何止值得活这一天，我们还要活出这一生，我们自己决定，不要问别人。在宋荣子来说，像"知效一官"这样的人都是有求于外的人，所以他看出来"内"才荣，"外"一定是辱。这是第二个层次。

所以我们对外面不要有太大的依靠，有了太大的依靠，就会失去我们的尊严，而荣耀就在尊严。我们每个人都活在自己无止尽的理想追寻中，都活出自我的成长与飞跃，我们才能维持自我的尊严、荣耀，一投入社会而有求于外的话，就会承受屈辱。"宋荣子犹然笑之"就是他不想走上这条路，所以宋荣子可以做到无功无名；但他仍未能做到"无己"，他有己，他把自己关闭起来，保护自己也是关闭自己。诸位有没有看过武侠小说？有种功夫叫金钟罩，就是刀枪不入，全身像一个金钟把自己罩住一样，所以别人攻不进来，但是诸位有没有想过金钟罩里的人也出不去？用一个金钟把自己罩在里面，有什么意思？自己在里面觉得好安全，很荣耀，没有屈辱，其实根本就是自我禁闭，这叫困守于内。所以，宋荣子把他自己困住了。

我写过两篇文章，第一个就问该把罩门练在哪里？练金钟罩一定要练罩门，因为我们要向外通气，罩门可以通气；这样外面就可以闯进来，罩门也就变成我们的弱点，外面的人就通过这个罩门来打击我们。所以不能够让别人知道我们的罩门练在哪里，因为我们全身的弱点就集中在罩门，人家一点这里，我们就垮了。人生就是在练罩门，且看我们把它练在哪里。我们的最爱就是我们的最弱，我们最强的地方往往是我们最弱的地方，永远不要忘记这一点，那个弱点就是罩门，原来练功夫就是显现弱点。尽管宋荣子不要外面的世界，而保持内在的尊荣，事实上他把他自己关在城堡里面，而且用金钟罩起来，穿起铁布衫，当然刀枪不入，不过也困住了自己。

第三个层次是列子所达到的境界。列子可以"御风而行，泠然善也"，比宋荣子更进一步。宋荣子可以无功无名，却还有个自己要保护，这样反而把自己困在里面。列子把"自己"解消了，叫"无己"，一个人无己才能御风而行。但我们都做不到呀！以前我在文化大学、淡江大学教书，阳明山及淡水的风都很大，尤其冬季的时候，强风刮来时要对抗它，我们才能站稳在大地上，且要逆风而行，才不会被强风逼退，一步一步地走出我们前进的路。这都是我们有己，放不开。人家列子，风一吹他就起飞了，放开自身，就能御风而行。就像舞台的表演要能放得开自己,我就做不到,要我唱歌的话那比什么都难,让我打球还可以,叫我跳舞绝对不行,这是因为自己很难放开。列子可以放开,所以大风刮来,他就"御风而行"。"泠然善也"意谓轻妙自得,这个轻妙自得是指身体上的,因为他不要用力气去走路,他放开自己,可以随风而去,这样的话看起来好像很自得。

列子比宋荣子更进一步就是他可以无己,但他的无己仅止于形躯的修炼,他可以炼得让自己放开,跟风一起飞行。问题是庄子说列子"旬有五日而后反",即十五天后又被风吹回来,就好比我能随风而去,想到屏东,结果到台中又被风刮回来。因为御风而行,是风决定我而不是我在驾驭风,我只是把自己解消了,随风而去,问题在风又把我吹回来,是风牵引我,不是我主导风。所以列子虽能进到第三层,但还不是逍遥。

所以庄子说最理想的人物是第四个层次,即"大鹏怒飞"的人,"至人无己,神人无功,圣人无名"。第一种人是有己的人,他才会有功有名,因为他要把功名放在自己的身上;第二种人是宋荣子,他可以无功无名,但是他还是有己;列子是无己了,是更进一步了,但是还不够。

庄子理想人物的无己跟列子的无己境界层次不同,理想人物的无己是指精神的无己,不是形躯的无己,不是大风吹,随着风起飞,然后风又把他刮回来,完全失去自主权;这样当然不用走路,但这样没有理想也没有目的,仅是随风飘落,相当于玩大风吹的游戏而已。因为无己的人才会无功无名,把自己解开以后,就不会想到要去争取功名。功名带回来,放到哪里去呀?因为已经无己了,故无己的人一定可以无功无名。到了最高理想的第四个层次,"至人无己,神人无功,圣人无名",则是精神的自在,不是形躯的修炼;不是形躯的随风起飞,而是精神的绝对自由,是精神的大自在。

"无待"是最佳的诠释

所以庄子说他"乘天地之正,而御六气之辩"。天地有常轨,六气有变化(气象、气流、气压有变化),天地有正道,而六气有动变,"至人、神人、圣人"乘天地之正道,驾驭六气的变化。但是我们知道天地不可乘,六气也不可御。天地那么大,六气那么复杂,庄子的理想人格是可以乘天地之正道,驾驭六气的变化。事实上天地不可乘,六气不可御,所以庄子认为理想人格的修养境界就在我不必乘、不必御,我就可以逍遥。

或许我们以为要主宰整个天地,才能逍遥,才是天下第一等人,就可以驾驭六气的变化。事实上大可不必如此,我们只要跟它站在一起,我们就逍遥了。"跟它站在一起"是什么意思呢？那就是跟天地同在、跟六气同行，这不就逍遥了吗？列子御风而行，事实上是风御他。人到了最高境界，没有自己，就跟天地同在，跟万物同行，也就是《齐物论》所说的"天地与我并生，而万物与我为一"的境界。

并不是说只要好天气我就有闲情去散步，做一个散人。这样的话并不见得就可以逍遥。真正逍遥就是下雨天逍遥，台风天也逍遥，读书时逍遥，工作时也逍遥，而不是等我放暑假时才逍遥，等下班后才逍遥。庄子的意思是不必乘、不必御，都可以逍遥，不要说要去掌控天地的正道，驾驭六气的变化才是自在，才是逍遥。虽身陷台北市的人潮中，也可以逍遥，人生就是在任何情况、任何时段，我都能逍遥，才是真正的逍遥。庄子讲逍遥游，郭象说："所遇斯乘，无非游也。"我们都是有待，做一个学生，只要不考试，就会觉得日子很逍遥；一个上班族，只要放假不上班，他就觉得很逍遥。这就是有待呀！但放假那一天也不见得逍遥呀，全部的人都放假，全部的人都一起出游，全部的人都挤在路上，我看每个礼拜最累的就是假日。花季大家都上阳明山，所以花季是阳明山最不可爱的时候，所有的人都挤到那里去，忠孝东路原班人马都上了阳明山；所以那时候如果在衡阳路、重庆南路走一回，反而好一点——此时重庆南路的书局是比较逍遥的地方。无待就是不必等待，不必等待叫自在自得，我自己在我自己得，我不必等待外在条件的凑合，就可以在，可以得。

不必乘不必御，当下逍遥

"乘天地之正，而御六气之辩"，我跟天地六气在一起，而不在它之外，就不会有任何问题。譬如说过去王永庆希望继续保持世界石油化工的霸业，就要迁离台湾，他觉得他停留在台湾，早晚会变为第二。假定是这样才能维持霸业，才能让人生存在又有得的话，那我们就是有待。前一阵子有很多人看到股票在上涨，就觉得自己损失很多；我的同学是个高中老师，问我："王邦雄，你看我们是不是会变成贫户？"我说："不会呀，你怎么会这样想。"他说："人家每天都发大财，我们都没有。"我就跟他说："股票在上涨，人家在发大财，税收就会增加，我们公教人员才可以改善待遇，你有没有想到这一点？我们是股票最直接的受益者，因为我们不用承担风险，他们还会遇到跌停板，我们不会。暑假马上又要调薪，所以千万不要因大户发大财、小户发小财、王永庆带头发财，而不高兴。你要跟他一样，王永庆世界第一，我们就是世界第一。"这就是逍遥。因为我们跟王永庆同在，与财团同行。"天地与我并生，而万物与我为一"，我们在他的外面就会觉得自己在跟他比赛，才会觉得输给他；我们跟他在一起的话，他的荣耀就是我们的荣耀。

所以庄子讲到无己、无功、无名的时候，表面上好像说一个人真正自由而逍遥，是乘天地的正道，驾驭六气的变化；事实上他的意思是只要我跟天地六气在一起，我就不必乘、不必御，而不会被天地六气困住，这叫无待。"逍遥游"最直接的解释就是"无待"两个字，当我们没什么条件、没什么等待时，我们就逍遥了。所以要学习不要自外于中华文化传统，不要自外于全球人类的共同未来，我们就不会有那么多得失、成败的压力。孟子说"上下与天地同流"，要跟天地同流并行，就是所谓的"乘天地之正，而御六气之辩"。

不要以为庄子说的话是在教人们进行一些形躯的修炼，炼得法力无边，就可以乘天地之正，可以御六气之辩，不是的。这话的意思是要精神上自在，精神上自在就是跟天地合一，即"海运则将徙于南冥，南冥者，天池也"，海上长风怎么吹，我们就怎么走。我们顺应自然来走人生的道路，故自然怎么样，我们就怎么样，自然逍遥，我们当然也很逍遥。所以下雨天我们逍遥，大热天我们也很逍遥，不管是上班或读书我们都可以逍遥；不管我们碰到什么变化都跟它在一起，这叫"所遇斯乘"。下雨天就下雨天吧，大热天就大热天吧，我们不要自外于大热天，就不会觉得好热，因为我们与大热天同在同行。

试举一例，人生有命，有的人老觉得自己的命很苦，只要认命，接受那个苦，就不会觉得苦了。认了，这是人间世界，我们是世界的一分子，无法逃避，当下认了就不苦了。在交通瘫痪时，我们逍遥；在工作忙碌时，我们逍遥——假定我们不忙碌，我们要逍遥做什么？庄子讲人生要学做散人，有个人每天游手好闲，我们还跟他说来学老庄？不必了，因他已经够老庄了。我们学老庄是为了可以做一个忙碌的人，自在就是让我们去担负人间更多的责任，不是只去追寻闲散，什么事都不做，而是要拥有精神的悠闲，才能够"所遇斯乘"；上班可以，下班也可以，上学可以，放学也可以，放晴时可以，下雨时也可以，这叫"所遇斯乘，无非游也"。这样的话，叫人间到处可游。

散人散步到处逍遥

我们用两句话来说"人间到处可游"：第一个叫"所在皆是"。人生的修养要炼到这个地步，这叫精神的自在，我精神自在所以什么地方都可以。"所遇斯乘"是郭象的理解，我觉得很精彩，有时候古人一句话，很值得我们回味。我们千万不要有科技的傲慢，以为我们现在那么进步，以为我们超过孔子、老子，其实我们连郭象注庄都超不过，朱熹《四书集注》我们超得过吗？这要讲人格品位，要讲价值理想，不是讲数量，像是拥有多少财富。我们可以搭乘飞机全球旅游,而孔子不行,但这在孔子的心目中或许一点也不在意;这和当代大财团去跟耶稣炫耀说"我发大财了"一样地无聊可笑。世人面对耶稣都要下拜,因为他是圣贤人物;成吉思汗、汉武帝、唐太宗诚然是功业彪炳,但功业会随时代而过去;我们尊敬崇拜的是像耶稣、佛陀、孔子这样的人,任何财富、地位、权势,在他们面前都一文不值。有些物事在我们面前已不值一顾,何况在那么伟大人格的面前,因为这些物事永远在我们生命之外。

另外一个是"当下即是",就在当下现前逍遥,说要等明天再逍遥,那是难了,因为明天又得等另一个明天,只有一个可能,就在当下。譬如有一个人想戒烟,他说把这一条烟抽完就戒了,或说这一包抽完就不抽了。我说你不想抽的话,就从现在开始,把你正在抽的烟马上熄掉,把那包烟丢掉,把那条烟抛弃;"当下即是",立即不抽,不要告诉我再抽几天就不抽了,那是没有用的。不抽烟也逍遥,当然另外一个可能是,抽烟也逍遥。问题在,抽烟后遗症太大,伤害了自身及亲人好友的健康,既带来病苦,怎能说是逍遥?所以戒烟的那个"戒"字不太好。像我的话,我都没说戒,但我已经不抽了,从1977年到现在,我从来没有说要戒烟,因为我觉得讲"戒"的话好像给自己很大的压力,是强迫性的,而我是很自在地不抽烟,不要以为我定出个戒律,压迫自己不抽烟。一旦是压迫自己不抽烟，那表示我们很喜欢，很喜欢就很难从此不抽。就算是不抽也会觉得很伤感、很委屈，我们要自觉地不抽烟，而不是压迫自己不抽烟，压迫自己不抽烟就是失去自由，一定会讨厌自己，会引发反抗，心里常浮现的念头是：我哪天一定要把它抽回来。所以很多抽烟的朋友，每次告诉我他已开始戒烟，我都笑一笑不置可否。我们一定要做到当下即是，且所在皆是，这叫无待；无待是没有条件的，就在当下现前，随时随地都可以，那才叫逍遥。

无己则人间可游

梁惠王给惠施一个大瓠之种，即大葫芦瓜的种子，惠施就去种植，长成后结的果实有五石那么大。葫芦瓜原本可以做酒壶，但是大葫芦瓜的质地太软，所以当酒壶的话提不起来，"其坚不能自举"，它的坚韧度支撑不了自己，软弱到提不起来；将之剖成两半，当作水瓢，但是它又太平浅了，"瓠落无所容"，它是很大，却容不下多少水。当酒壶不行，当水瓢也不行，所以惠施很生气，一脚把它踩碎。庄子就跟他说："这个大葫芦瓜不能当酒壶用，也不能当水瓢用，这是你惠施站在人的角度，认为它一点用处都没有；你若站在葫芦瓜的立场来说，那么大的葫芦瓜也可以把它系在身边当腰舟，那你不是可以带着这个葫芦瓜，浮浪在江湖之上吗？那是人生多美的事情？你干吗一脚把它踩碎呢？"他的意思是人生不要站在我们自己的角度来看世界，以我们自己的观点来说，大葫芦瓜要么当酒壶，要么当水瓢，若它不能当酒壶又不能当水瓢的话，就一脚把它踩碎。你可曾想过站在大葫芦瓜本身来看，它虚大刚好可以浮在水面上，我们可以带着这个葫芦瓜浮浪在江湖之上，这不就是笑傲江湖吗？为什么要对自己的白忙一场生那么大的气，一脚把它踩碎呢？

诸位想想看，人生是不是到处都有很多要我自己平反，反而带来自我毁坏的事呢？所以站在有用的角度，我们就会说这个有用、那个无用，这个是大用、那个是小用，我们在那边比较，所以很多人很冤枉，因为我们都站在一个有用的标准、站在社会的标准来批判每个人的存在价值。就像那个大葫芦瓜，它在惠施的系统里面是无用，因为有用是当酒壶或水瓢，结果它既不能当酒壶又不能当水瓢，那么它就无用，它无用就失去了存活人世间的价值。

庄子的意思是能否从人为升到自然的角度来看，自然就是从大葫芦瓜本身来看。无用就是取消人为的标准，不要从人为这边去看，我们回到自然来看的话，无用就是全世界都不要问有用没有用，那么任何存在都有用，所以当这个社会不以"用"来衡量人的时候，每个人都很可爱。以作为一个老师的经验来说，只要不考试，每个小朋友都很可爱；只要不考试，每个学生跟老师的感情都很好。老师跟学生的感情不好，是因为学生只考三十分，但老师都希望学生考八十分，一考试学生就垮了，也就是以有用无用来看学生，考得分数低就被当成坏学生。通过考试来看的话，很多小朋友变得不可爱，以考试成绩来论断，成绩坏的讨人嫌，成绩好的人见人爱。所以只要我们无掉社会价值标准的执着，我们每一个人就可以活在自己的自然天真可爱里，这是最人道主义的处世态度。

也就是说，人道主义是不站在我们自己的标准来看天下人，而是站在对方的立场来看他，对方的立场就是站在"无用"的标准，以无掉心知执着的用来看，人人都有用，人人天真，人人可爱；无待就是要通过无掉用的标准来说。道家认为人生最大的压迫，是来自人造作出来的价值标准。如儿子天生长得好看一点，他就是让人疼爱的好儿子；天生长得难看一点，父母就比较不喜欢他。怎么可以呢？好不好看都是父母生的啊。

无用之用才是大用

所以，我觉得天下的"模范母亲"称号应该颁给残障儿童的母亲，儿女残障，她为儿女付出一生的爱，这真是伟大的母亲。人生就是这样，我们若站在天生好看不好看、天生聪明不聪明的角度来衡量的话，那很多人生下来就没有机会。道家表现出真正人道主义的立场，我们一定要找到无待与无用的人生智慧，也就是不用特定的角度如分数、名利等，来衡量一个人有没有用。故无用之意即为无掉标准的执着，无标准则无分别，人人皆美善，人人皆天真，人人皆可爱，这是道家的理想。为什么每个小朋友在还没上学前都很可爱，是父母亲的心肝、祖父母的宝贝？为什么他上了学之后就开始有一半不可爱，甚至变成老师眼中的讨人嫌？这是因为老师站在分数的标准，所以让天下父母亲的心情受到很大的挫败。

怎么让每个人活出他的天真、他的可爱？那就要无掉用的标准，无掉用也就无所待，而所待者就在"用"。只要表现好一点，只要证明有用的话，就是好孩子、好学生，讲这种话是很无情的，这个爱是假的，是有条件的；没有考上学校，孩子还是孩子，这才是真正的亲情；所以儿女不管考几分，我们都要拥抱他们，且分数愈差拥抱要愈久，以爸妈的爱来弥补。我劝天下所有的父母亲不要忘记儿女是我们生的，他们考不好还不是我们生的吗？这是我女儿告诉我的。我问她怎么演讲比赛没得名次呢？爸爸以前都会得名次。她白我一眼说："还不是你生的。"我一想也对，原来是爸爸的错，爸爸要负责。像我妈妈会演讲，我才会演讲，所以我演讲从来不敢说自己讲得好。我是代表妈妈在外面演讲,我妈妈生前我就这样跟她讲:"你不要伤感,你现在身体不好,但是我每天帮你在外面上课演讲,所以不是我演讲,是你演讲,因为没有你就没有我。"儿女会不会演讲,那是才气的问题。无待无用,无用是无掉会不会演讲这个标准,不用它来衡量儿女。我不用特定的标准来看儿女,不用特定的标准来看我的学生,这样儿女、学生就可以回归生命本身的用,就可以活出自己的亮丽跟光彩。我们无掉执着的标准,师生之间就不再有距离,跟儿女同在,跟学生同行,跟天真可爱同在同行,就不会觉得他们讨人嫌、好烦人,因为他们就是父母或老师的再生,怎么会烦呢?

逍遥游就是,我们把自己解消以后,存在的世界就变得很大,因为我们没有自己,我们跟他们同在同行;既然同在同行,则人间到处可游,每天都是好日子,每天都是新的,当下即是,所在皆是,人间世无不可游,天下事无非游也。

寓言之内涵说解

◎大鹏怒飞

《庄子·逍遥游》"大鹏怒飞"的主题寓言,说的是生命成长与转化飞跃的历程。

"北冥"是孕育生命的大海,里面有称为"鲲"的鱼子,鱼子本是至小的存在,却可以在岁月之流里,长成不知有几千里那么大的一条大鱼,这就是生命之由小而大的成长。

小鱼不仅长成大鱼,且由大鱼蜕变而成称为"鹏"的一只大鸟,大鹏的背,也不知有几千里那么大。它奋起飞翔,翅膀伸展间,几乎遮住了半边天。

这一只大鹏鸟,在六月海上风动的季节,就随着季节风往"南冥"飞去;而"南冥"之于"北冥",不是地理位置的南北分异,而意谓天人合一之终极理想境的体现。

这一则说是主题寓言,因为"逍遥游"的意涵已深藏其中。生命走向"逍遥"之境,一者要"由小而大"的成长,二者要"由大而化"的飞跃,不然的话,"大"终将成为自己的负累。这是将平面的数量之大,化为立体的品质提升。

且生命主体的修行涵养,还得跟天地自然做一结合,生命的大化与天地的大化同体流行,从北冥人间,飞往南冥天上,这是一段形而上的生命之旅,而不是从北海飞往南海之迹近逃难的迁徙流离。"南冥者,天池也",等同画龙点睛之笔,活现的神龙,正是人间天上的终极理想境。

"大鹏怒飞"的声势浩大,是庄子"逍遥游"的最佳写照。"逍"是消解,指涉的是功夫的修养,"遥"是远大,指涉的是修养功夫所开显的境界。消解了形体的束缚与心知的执着,摆脱了形躯的局限，也解开了心知的桎梏，生命存在得到了全然的释放，可以高蹈远引，海阔天空地往天上飞行，此在人间开发了形而上的天空，也就无处不可游，无事莫非游了。

这一"大鹏怒飞"的形上之旅，庄子说是："乘天地之正，而御六气之辩，以游无穷者，彼且恶乎待哉！故曰，至人无己，神人无功，圣人无名。"天地本自然，不能假借，也无须假借；六气自变化，不能控御，也不用控御。只要自家生命与天地同在，与六气同行，就不必等待天候地理的特殊条件，而在每一当下逍遥自在。春日逍遥，冬季亦逍遥；晴空万里逍遥，满天阴霾亦逍遥；江南草长逍遥，北漠不毛亦逍遥。不必等待即无条件，无条件也就无限定，那生命的美好空间，岂不是无穷无尽了吗？

此所以"逍遥游"重在解消人为造作，而回归自然天真。人为造作之最，就在权势功名的奔竞争逐，而其症结，却在自我的执着。无己是无掉自我的执着，也就可以无掉对权势的逐鹿问鼎，无掉对功名的痴迷狂热。因为"无己"，则功名顿失所依，人生就从权势的枷锁与功名的牢笼中超离出来，既"无功"又"无名"，生命也就回归自身，既自在又自得了。

逍遥游亦功夫亦境界，有功夫修养才有境界开显，"逍"而后能"遥"，"遥"而后可"游"。"大"而能"化"是"逍"，"化"而"怒飞"是"遥"，"南冥天池"的人间天上，则何处不可游，何事而非游，故"大鹏怒飞"正是"逍遥游"的精神象征。

◎小麻雀与大鹏鸟

《庄子·逍遥游》说大鹏怒飞"水击三千里，抟扶摇而上者九万里"的气势壮阔，理由就在要有九万里的"风积之厚"，才能乘载这一只大鹏鸟展开双翼在高空飞行，也才能使大鹏鸟背负青天，而不会在飞行途中停摆坠落。

此一道理，如同童少岁月，在庭院空地挖个小坑洞，倒水其间，置草飘其上，有如船行水中；若改放茶杯，就会胶着搁浅，那就是水积不厚，无力撑起大船之故。

而这一风积之厚的天地大化，本就弥漫在我们生命的周遭：夏日浮游在水塘上有如野马奔腾的水汽，在空中流动的尘埃，或生物间相互吹动的生命气息。甚至苍苍者天，那一片深蓝，哪里会是它本来的颜色呢？而是距离太遥远，无边无际给出的感觉吧！若从高空看地面，想必也是一样的苍苍深蓝吧！

此所以大鹏怒飞，不论是凭借"海运"或"去以六月息"，看似有待于六月海上风动的季节风，实则无待，因为天地大化的自然之气，早已等在那里。关键在，人的生命主体，已由小而大，由大而化了吗？

庄子在此安排了有如丑角的小麻雀，来衬托凸显大鹏鸟的开阔视野；它不能理解大鹏鸟何以要冲那么高，飞那么远，反而扬扬自得地说道："像我说飞就飞，直接抢上矮树丛；有时也会出一点小意外，没能冲上去，而一头栽在地面上，灰头土脸之余，只要抖落身上的尘土，还不是潇洒如昔吗？大鹏老兄，你为什么要故作姿态，飞上九万里的高空，且往南冥飞去呢？别看我只是一只不起眼的小鸟，翱翔在蓬蒿之间，天地虽小，尽情适性，这也是飞行的极致啊！真的一定要飞上九重天才算逍遥吗？"

庄子认为人世间老在名利场权力圈打转的人，其自我定位，也不过像小麻雀一般地渺小。尽管他们"才学可以担负一官之职的重任，行谊可以符合一乡之民的期许，品德可以获致一国之君的赏识，且赢得一国之人的信任"，看似风光得意却被名利绑住，被权势套牢。只有无功无名，从名利、权势的牵绊中超离解脱，才能摆脱小麻雀的生命形态，当下自我释放，化身而为大鹏鸟，展翅高飞，且飞向形而上的精神天地，那才是庄子所开发、所证成的逍遥游。

小麻雀与大鹏鸟，所谓的小大之分，不在形体，而在心境：有执着、有所等待，生命格局的自困自苦是小；无执着、无所等待，心胸气度的自在自得是大。庄子的生命大智慧，就在呼唤天底下每一个人，要从小麻雀的生命牢笼中挣脱而出，走向大鹏鸟之成长飞跃的路。

你想要开拓全球视野吗?请别搭乘像小麻雀一样的直升机,而要转搭像大鹏鸟的波音747飞机,这样你才能飞得高,飞得远,飞向自己的理想天地。

齐物论——物我的平等

齐物论讲求物我的同体肯定,平齐物论,万物归于平等,每一个人彼此欣赏,让双方的"是"显现出来,大家一起得救。想要解开让生命受苦的无形枷锁,就必须解消心知的执着分别,在没有分别的世界里,我们才能得到真正的自由解放。

齐"物"之道在齐"物论"

《庄子》第一篇《逍遥游》是讲主体生命的超拔提升,一个人怎样从有限的自我和复杂的天下里面,把有限消解,开发成无限。有限消解是"逍",开发无限是"遥",只有自己从有限的自我去开发出无限的自我,如此,人间才是可游的。

我们知道不管是哲学还是宗教，它关心的不光是自我，还有天下。假定"逍遥游"是自己得救，则"齐物论"是大家都得救，从"逍遥游"到"齐物论"，就是从自我的提升到天下的平等，万物的平等。对儒家来说是人皆可为尧舜，由道家来说是人皆可为真人。所以转俗成真，一定要从"逍遥游"走向"齐物论"，否则光讲"逍遥游"，很可能成为自了汉，就不是大菩萨了，大菩萨一定要普度众生。儒家讲修身，还讲治国、平天下，所以道家思想在自我的超拔提升之外，也说物我的同体肯定的"齐物论"。

我们要先了解什么叫"齐物论"。是齐"物"，还是齐"物论"，在传统的注解中有两个解法：一个是"齐物之论"，也就是讲万物平等，众生平等，每一个人平等，所以要讲"齐物"。但问题是所谓的万物平等、众生平等，这个平等的背后总要有一个理论根据！

一般说来，宗教信仰的立场是你信我则得救，那么请问不信的呢？原来万物要平等，是要万物背后的宗教信仰、哲学理论平等，假定基督教歧视佛教，佛教对抗基督教，或是儒家批判道家，道家反抗儒家，如此，在不同宗派之下的万物，在不同宗派之下的众生会平等吗？所以要讲众生平等、万物平等，一定要讲到不同的家派——像儒家、道家，不同的宗教信仰——像佛教、基督教，这些家派的思想、宗教的教义能够平等,你才能做到万物平等。这是"齐物论"的第一种解法,是齐"物",平齐万物,万物平等。

另外一种解法是,平齐天下的是非,平齐宗教理论,平齐哲学思想,所齐的是"物论"。因为平等、不平等是从宗教理论、宗教教义或哲学思想来看的,所以它一定要从齐"物"讲到齐"物论",这两者是连在一起的。我们是要齐"物",还是去齐"物论"?我们可以肯定平齐万物(即"齐物")这个说法是没有问题的;问题是,万物要平等是跟万物的存在理论有关联,假定没有儒家的"性善说",我们对人性的信念是很难建立的。人性要平等是要从儒家的"性善说"奠基——儒家的"性善说"就叫"物论",或从道家的《道德经》和《南华经》才能理解"人"是什么,人生路要怎么走。"物"是人物、万物,它或许是万物,但主要是讲人物,平齐万物也是平齐人物,这人物是众生,万物也是众生。

物论是从存有论而来的价值论

什么是"物论"?"物论"即解释万物是什么,如何看待万物的一个理论,一定要通过宗教信仰或哲学理论。人若没有"物论",只能称为"生物",即"生物学"的生物,"生理学"的生物,X光透视的生物,激光扫描的生物,这样的生物就是只有生理官能的集合体，那么人就没有尊严。我们都不喜欢看医生，因为我们在医生面前只剩下生物和生理了，我们没有尊严，只有生理官能欲求。我们不喜欢被透视，不喜欢被扫描，因为那个时候我们是"物"，我们少了一个"论"。

我们在某一个宗教信仰、某一个哲学理论里面，会找到人物存在的理论基础。最简单的说法是"性善说"，物有物性，人有人性，而且这个"论"就是告诉你，人性有"善"，然后才知道原来人是有尊严的，才知道原来我们可以顶天立地，可以"与天地参"。不然的话，人是很脆弱的啊！人脆弱得禁不起任何意外，禁不起一场病痛，人的生命可能快速消失，所以做一个人、一个人物，你一定要找到这个"物论"。人在"物论"中，尽管生命短暂，但我们活得很有尊严，我们在每一分、每一秒的刹那间展现生命的无限性。我是基督徒，我是佛教徒，我是儒家的信徒，我是道家的实践者……就不一样，不光是每日三餐，每天二十四小时，突然间每一分、每一秒都不同，因为分分秒秒都有天道、天理、良心、慈悲、博爱，突然间你就不同了。所以"物论"就是万物存在的理论基础。

万物存在的理论基础，不是指生物学研究的那部分，也不是指生理解剖学研究的那部分，我们是讲做一个人的价值、尊严在哪里。所以，万物存在的理论基础指的是哲学和宗教，因此你要平齐万物，一定要平齐"物论"。从现代的语言来说

"齐物论"，我赋予一个最简单的说法——各大教平等。佛教、基督教、伊斯兰教、儒教、道教……都平等，只有各大教平等，全球性的众生平等才成为可能。不然我们看到异教徒，老是觉得他不大行，也许对他充满了悲悯，觉得他好可怜，怎么没有信我们的教。但事实上我们并没有把他放在平等的地位来看。所以这就变成立身当代的主要课题，因为在当代感受比较深切。

从天道往下看众生平等

宗教本来是要救人的，但是宗教的偏见反而使各大民族、各大国度之间产生了冲突，原本要救人，却变成战争的导火线，当真是从何说起啊！要解决这个问题有两种方式。第一种方式是统一。我们将全世界的宗教信仰统一，只有一个教，全世界信仰一样，那就不会产生信仰之间的分歧、歧视、对抗，甚至战争，所以把宗教信仰统一，问题就解决了。但是我们知道，宗教是不能统一的，从以色列和阿拉伯的例子就知道，宗教根本不可能统一。也许什么都可以统一，就是宗教信仰不能。宗教信仰是一个民族、一个文化最高的地方，最后的地方，是整个民族的灵魂或生命的所在。你绝对不能否定、反对人家的宗教信仰，因为在这个地方谁都是不能让步的。任何统一宗教的企图，都是绝对完不成的，是不可能完成的，而且恐怕实施的后遗症会很大，所以用政治的力量、用军队、用飞弹、用坦克车去统一宗教是不理性的。他就跟你拼了，他整个民族跟你拼，用几千年跟你拼，你怎么可能统一？

第二种方式是取消。宗教既然不能统一，那我们将宗教取消，不就没有纷争了吗？因为我们的偏见是从宗教信仰而来，今天把宗教信仰取消，不就完满了吗？对！也许，但是人又会回复到原始的"人"，又回到原来物性的"我"——我们是从原始进化到现代，只因有宗教，人物的存在才有尊严，才有所谓的永恒，才有理想，才有平安哪！从"物"到"物论"，这当然是一个文化的进程，现在因为宗教信仰产生分歧与对抗，你发觉这宗教已经成为我们的负担，那干脆把它取消好了。但是，把它取消以后，我们又成了原始的人，又变成生理官能的人，X光透视的人，超声波扫描的人，没有尊严、没有价值的人，那不是回到原始了吗？

所以这两条路都走不通。

宗教不能取消也不能统一

我们不能没有宗教，不能把它取消，取消的话，会回到原始；也不能把它统一，统一的话，一定引起生命最根处的悲痛感。你或许可以征服我的国土，但是假定你要取消我的宗教信仰的话，那恐怕会迎来没完没了的恐怖抗争。所以，不能取消，也不能统一。既然不能取消，也不能统一，又要有这个物论、这个宗教信仰的理论、这个哲学思想的理论，这样我们才不会混同其他生物。我们是人物，人物是有灵的，人为万物之灵，这"灵"就在我们的"物论"，人物、动物都算万物，但是人有"物论"，动物界没有宗教信仰、没有哲学思想，所以我们要让物论存在（即让宗教信仰、哲学思想存在），让我们觉得有尊严。但它却产生了各大宗教、各大哲学家派之间的分歧、歧视、对抗、破裂，这该如何是好？

我举一个很简单的例子，我们希望我们的孩子好好读书，要读书才会有尊严，因为可以从中懂得一些做人的道理、一些哲学的理论，所以要让下一代读书，知书达礼。但是读书一定会读不同的大学，各校之间怕是有一点分歧，而且还有一点歧视。你要他念大学，又不要让各大学之间相互对抗，这就是我们或教育主管部门要做的努力。那么我们把大学取消就没有问题了吧？不能取消啊，一旦取消，没有了大学，我们很难成为有竞争力的现代化国家。然而有了公私立大学之后，大学之间相互看不起，不就又成问题了吗？而大学里面还分学院，有理学院、工学院、农学院、法学院、文学院、医学院……如果各学院彼此看不起就很麻烦，因为我们既需要工学院的人才，也需要文学院的人才，显然，各学院都重要，都不能取消。当然，也不能统一，要是全部都是工学院，把所有文学院的学生都带到工学院上课，将来全部都是工学学士，那就没有人文方面的人才了。我们要不要文化，要不要音乐，要不要艺术呢？要不要诗歌，要不要戏剧呢？要不要哲学，要不要宗教呢？

总说既不能取消又不能统一，那只有一条道路，即庄子所讲的齐物论——各大学平等：都是大学，不要分公立、私立大学。私立大学反对冠上"私立"的名号，我们今后不要称私立东吴大学、私立辅仁大学，讲东吴大学、辅仁大学就好，为什么要加"私立"二字？加上后就产生一点歧视："噢！私立的！"好像这些学校就矮了一截。不管是公立或私立大学，对社会都有贡献，所以各大学平等。我们不能把大学取消，也不能把大学统一，因为各大学有不同的特性，不同的风格。不但要各大学平等，各大学院平等，还要各大学系平等。一个学院里，外文系比较吃香吗？中文系比较冷门吗？还是哲学系最冷门呢？是故要各大学系平等。如此不但有大学的好处，又不会掉落在因大学的优越感而互相看不起的困境中。

你要齐物吗？要万物平等吗？那一定要让各大教平等，因为每一个人都活在各大教里，各大教平等才会全球平等。否则，佛教否定基督教信仰，儒家批判道教修炼，不同的信仰之间，不给对方平等的肯定，在此情况下说的万物平等是假的。很显然，你认为对方是异教徒，认为他不能得救，若我们只救自己人，不救异教徒，我想这违反了整个宗教的精神。所以，庄子讲到的第三条进路就是不取消也不统一。

儒、道、佛、基督、伊斯兰五大教，这五大教的人本来是"物"，五大教的教义叫作"物论"，即儒教物论、道教物论、佛教物论、基督教物论、伊斯兰教物论，各教都各有一套理论，很多人在这理论里面找到自己存在的尊严，自己美好的前程，自己未来的希望，自己远大的理想。你没有在这里面的话，你只是生物，你要得救只能靠医生；但是现在我们知道，得救不是靠医生，是靠佛陀、靠基督、靠天道、靠天理、靠真主哪！这是不同的啊！所以我们不能把宗教取消，但是也不能统一。虽然信仰不同，但大家互相肯定，互相欣赏，彼此尊重，彼此包容，我们会这样说：那是因为我们有庄子的"齐物论"。老实说，中华民族的宗教包容力是世界最强的，举世无出其右者。

齐物论现代版是各大教平等

儒家讲和而不同，讲道并行而不相悖，但庄子的《齐物论》才真正给了这个理论基础。我不统一也不取消，但我怎么办呢？庄子的可能性就是：你一定要越过儒、道、佛、基督、伊斯兰教，从各教跳脱出来再超越上去，在五大教之上往下看，各大教平等。各大教平等，所以各大教的信徒平等，这可能是"齐物论"的真正含义。我们能够说，不一定由我们儒家、道家来统一各大教，这是因为我们觉悟到，我们要跳开本土的儒家之上，跳开自家传统的道家之上，去肯定佛教，肯定基督教，肯定伊斯兰教，这样才是一个宗教最开阔的心胸，最有前景的发展。

各大教能够平等，然后宗教才不会成为世界和平的负面因素。现在有个重大的问题就是，道家讲齐物论，是不是把五大教都平齐到道家来（即以道家为主）？《齐物论》不可能讨论五大教，《齐物论》只讲到儒墨两家，它讲儒墨的是非。儒家仁爱，墨家兼爱，都是爱；儒家救人，墨家也救人，在春秋战国时代他们都号召天下志士，通过爱来救人。但显然墨家先反对儒家，随后孟子才批判墨家；墨家批评孔子的理论，而孟子反击，把墨家说得一无是处——禽兽也。孟子说杨朱、墨翟那种理论是禽兽也。他不是骂人，他的意思是说，按照墨家的理论，不看重自己的父母亲，把自己的父母亲跟天下人看成一样的，那岂不是人间的伦理没有了吗？人间的伦理没有了，等于是鸟兽的世界——鸟兽的世界是不知有父亦不知有君的，因为和鸟兽一样无父、无君，所以人间就是飞禽走兽的世界。所以孟子不是做人身攻击，他的意思是杨朱"为我"是无君，墨家"兼爱"是无父，而人之所以为人，是知道有父、有君，君王是代表政治社会的群体理序，则墨家的学说让人又倒退回到山林田野的世界，和鸟兽一样的世界。

就庄子来讲，儒家、墨家是当时的显学，那时候整个时代最精彩的人物就是儒家、墨家的人物，而最精彩、最有爱心且出来救世的人，却互相看不起，那这世界哪里有希望！各大教都要救人，而各大教却彼此看不起，那这世界就没有希望了。因为这各大教是最值得尊重的，结果他们却互相贬低，请问人类的希望在哪里？儒家、墨家是最值得尊敬的人，而这些最值得我们尊敬的人，竟然彼此看不起，春秋战国时代的希望在哪里？所以庄子说儒墨的是非，就是儒家自认为"是"，把墨家看成"非"，成了我"是"你"非"的对立态势；而从墨家来看，我是对的，你儒家是错的——依然落在我"是"你"非"！庄子想到一点：可不可能我们得到一个结论是儒墨都对，唯有儒墨都对，春秋战国时代才有希望。

然而，从儒墨各自的观点看，他们都会把对方看成错的，结果这两大学派互相抵消；这世界有两个好人都出来救人，这两个人每天却在那里相互对抗，忘掉他要救人。所以要平齐儒墨的是非。当然我这样说不是泯灭是非，我们希望能够把双方的"是"都显现出来，才能形成"大是"，亦即大是大非。也有人落在小是小非,你看不起我,我看不起你,这叫小是小非。大是大非是儒家的精彩、墨家的精彩都显发出来,这是庄子《齐物论》的精神。

越过儒墨同时看到儒墨

《齐物论》是古今中外少见的宝典,而且切合当代问题,这篇文章将来一定会发挥更大的功能,我们希望各大教都来念这一篇文章。它表达的意思是超越儒墨,才能回过头来肯定儒墨,看到儒墨。譬如中西文化交流,若站在各自的角度,则彼此看对方都不对;我们要越过中西,然后再回过头来同时看到中西,要保存自己的长处,也要学西方的长处,未来才会有希望,而不要老是用自己的长处和西方的长处对抗,因为这样的话,我们也只是保有原来的长处而已。所以齐物论的精神就是,希望你越过中西双方,同时回来肯定二者,我们要消化西方,才可以融会中西之长。你一定要有庄子齐物论的精神,超越过去再肯定它,消化它,然后成就我们自己,成为我们的生命养分。所以对其他的宗教愈包容的家派,愈有希望;我们愈包容其他的教派,我们的教派愈有希望——因为你的心胸开阔,你可以看到别人的长处,可以肯定别人的长处,同时也能反思自己,让你在自己的宗教里成长、壮大。

庄子的《齐物论》主要是谈儒墨的是非，我今天把它扩大为中西文化，再扩大为世界五大教。我们希望能有齐物论的精神，是希望大家的"对"都朗现出来，大家的"是"都凸显出来，成为"大是"。若你"是"他"非"则互相抵消，要知道当时有一半的人是墨家，你对他错，那整个国家的希望岂不是剩一半了吗？而且他又把你拉住，那国家不就没有希望了？因为是非相抵等于零，一正一负就没有了。两家的"是"都凸显出来，我们才有"大是"，也就是共识。

我们希望所有人都有共识，但是大家都只是口说而已，就好像你跟我一样就是共识，但大家都在等待对方跟我一样。然而这是不可能的，那该怎么办呢？大家必须暂时跳出各自的立场，再回过头来肯定对方。我们多希望左右邻居能超离自己而互相看到对方的对，让整个公寓有一个社区伦理，大家一起讲求安静、讲求卫生，如此家居生活才会安好。这样由公寓社区，再扩大为村落、乡镇，到整个县、整个省，甚至整个国家，最后遍及全世界——世界变成一个地球村。

从环保生态来说，地球村的思考正是最迫切需要的，所以《齐物论》很有价值。从整体越往下分，大家越分裂，越互相看不起；不如跳开双方的立场，回过头来包容、尊重和欣赏对方，双方互相肯定，然后产生一个整体的和谐，这才是我们希望的所在。

不是单行道，而是双线道

庄子走的第三条路，不取消也不统一，他走超越的路，超越上去再回头肯定，如此双方的"是"都出来了。这在庄子称为"因是两行"。

五大教都道并行而不相悖，可称之为五行，而单指儒墨两家并行不悖称两行，两条并行的双线道。不要把世界上的路都变成单行道，大道之行也，天下为公，怎么可以只有你这一家派可以走，别的家派不能走？但是《齐物论》只讲两派——儒家、墨家，所以庄子说"两行"。所谓"因是"，就是要把另外一家的"对"显现出来，墨家因儒家的"是"，儒家因墨家的"是"，不是因"非"喔！因"非"就没有前途了——只看到儒家的缺点，或只看到墨家的缺点，两家的缺点加在一起等于没有希望。

我们希望双方的缺点不要加在一起，而能将彼此的好处加在一起，这叫作"因是"。因双方的是，然后让双方的"是"都并行在未来的路上。"因是"，则五大教的"是"都显现出来；"五行"，五大教同时开出人类的前程——这"五行"并非指阴阳五行，是五大教并行的意思，指道并行不相悖。

这么说，庄子已经架构出五大教平等的理论基础在哪里，要肯定五大教平等，不是说了就算数，孔孟在前，庄子的理论真的可以在诸子百家中一言九鼎吗？一定要有理论基础，为天下人所认同才行，是故庄子提出"齐物论"。

物论平等，万物才平等

庄子提出"齐物论"即要齐"物"，但他发现要"物论"齐了，"物"才能齐。"物论"要如何能齐呢？如何齐"物论"，庄子有他整套的理论体系，这套哲学理论在《庄子·齐物论》的第一段。儒家讲性善，道家讲天真，所以道家最喜欢婴儿，因为婴儿最真。道家的理想人物叫真人，是体现道的修养境界，所以神仙界的人物都叫真人，而儒家则是圣贤，这是两家的物论。天真与性善二者是可以相通的，只是儒家首重在善，道家首重在真，这个理论就是庄子"万窍怒呺"的寓言。

其中最重要的几句话："夫大块噫气，其名为风，是唯无作，作则万窍怒呺。""大块"指整个天地的意思，"噫气"是吐气，天地间吐了一口气，这个气叫作"风"；"是唯"是除非，"无作"是不升起，"是唯无作"是除非这风不起；风一起，鼓动天地间的气化流行，这气化流行而为宇宙长风，宇宙长风吹向大地，大地有万种不同的窍穴，如林木、山石、河谷等独特地形，有殊异的构造，有大大小小不同的形状，所以风吹过来，通过万种不同的窍穴就发出万种不同的声音，这一

"万窍怒呺"就叫作"地籁"。地籁是大地的交响乐，万窍发出万种不同的声音，就像七孔笛不同的孔道发出不同的声音。天地间万物所发出的声音都不同，说万窍怒呺，有如大鹏怒飞，"怒"是无所保留地发出生命的乐音，每一个人各有不同的形体，也吹奏出不同的生命乐章，这叫"人籁"，所以庄子说："人籁则比竹是已。"并列的竹子大小长短不一，敲出来的声音就不一样，那么天下人的形状不同，发出来的生命乐音也各有不同。不论"地籁"与"人籁"，二者都是有声之声。

生命乐章是人籁，大地交响乐是地籁

比如我的一生就是我的人籁，而每个人的一生都有自家的人籁，整个大地总体发声就是地籁，那个籁就是生命的乐章。谱出乐章有美感，人家才会喜欢我们，来欣赏我们独特的曲调、节奏与旋律。生命的乐章，人人不同，每一个人各有才气性向，都有自家的精彩。你天真，我天真，大家都是真的，这叫人籁。你的真跟我的真跟他的真加在一起，一体和谐引发共鸣是为地籁，地籁是整个大地的交响乐！每一个人如同一个乐器，全体演奏就是地籁，每一个人不一样，每一个物不一样，庄子说"咸其自取"，你要发出什么声音，是由你的形状自己决定的。

我曾在《联合报》发表过一篇文章《做我自己》,其背后完全是儒家和道家的价值观。做我自己不是封闭,不和别人来往,而是每一个人都有独特的个性,每一个人都是真的,每一个人都可欣赏,这是人籁之真。你是真的,他是真的,全班同学都是真实美好的,这叫地籁之全。而人籁之真与地籁之全,就是天籁在人间的彰显。

在"大块噫气"之下的"万窍怒呺",各大教派的教义皆"咸其自取",比如儒、道、佛、基督、伊斯兰等教,各家有各家生命的乐章,是为人籁之真,综合这五大教就是地籁之和!五大教各有不同,才让人觉得多彩多姿,而值得欣赏。然而庄子要问的是:万窍怒呺既是宇宙长风吹起才有的,那么风又是怎么来的呢?那是天地在吐气啊!

天道是发动者,又给出自由的空间

庄子问的问题是:"怒者其谁?"假定风不来的话,万籁就没有声音,就是万籁俱寂,就像没有声音、没有色彩的世界。假若自然生态被破坏殆尽,这世界就要变成没有花香、没有鸟语的世界,那人间的美好在哪里?每一个人都没有谱出自己生命的乐章,这世界亦是死寂一片,如同一批机器人走在路上,既没有感情,又没有理想。那么,人生哪有什么好活的?要是每一个人都没有人性,没有爱心,没有价值的自我认取,人间就如同虚空般地一无所有。

"自取",是因为风生起;风不起,你的自取要从哪边来?"取"是因为天地吐气成风,风吹过来通过你的窍,你才会发出声音。"怒呺"就是尽情地发出自家的声音。看起来是"咸其自取",每一个人都在发出自己的声音,是自己认取的;但你的取必须取自天地之气,因为要有天地吐出来的气,宇宙才有风,宇宙有风,万窍才会发出声音。风停了之后,万窍没有声音,所以"怒者其谁",就是"大块噫气"之无声之声的天籁。

天籁本来是没有声音的,是无声之声;风没有声音,我们听到风声是因为风通过树梢,风通过窍穴,所发出来的声音。风本身没有声音,所以风是"怒者",是发动者——这个"怒"字是"发动"的意思,把气吐出来就是生出气来。风通过大地,通过万窍,通过每一个人,才发出声音,现在我们听到的是有声之声;万窍的声音,万人的声音,实际上都是从没有声音的天籁来的。所以天籁是无声之声,"此曲只应天上有,人间能得几回闻",人生要能够听到没有声音的声音,我们才到达很高的境界。套句武侠小说所言,没有招的招式才是最高的——他随时随地都有创意,他因应融入这个情境,他举手投足都是新的招式,那才是最奥妙的。当下就生起——不是套招,套招是可道,可道非常道,可道是一定的招数,套招是已经成套的了；常道却是没有招的招，这叫无声之声的天籁。

人籁之真与地籁之和，就是天籁

从这个角度来说，儒家墨家的真就是人籁，儒家墨家的和谐就是地籁，儒墨两家不是从天直接降下来的。但儒家是人，墨家是人，他们不都是从人性发展出其各自的人生理论吗？而这个人性是天性啊！没有天哪里有人性呢？"天生德于予"，然而天本无形，是看不到的呀！所以我们现在都活在对某一个声音的追逐中，却忘了所有的声音都是从没有声音的天道来的。老子说："天下万物生于有，有生于无。"天下万物生于有，我们都只了解"有"，而道家的精彩跟智慧，是要你体会到"无"，庄子是把老子道体的"无"说成无声之声，所以你知道"怒者其谁"，就是天地大块。如此儒墨才平等，物论平等的理论基础，那是因为都从天道来的。

你从人籁来说的话，每一个人都不一样，从地籁来看的话，百花都不一样。但是百花都是天生的花，都是天女散花，没有天哪有百花盛开，所以百花相互来看是不同的，此花与彼花是不同的。倘若花要比赛谁是花之王，谁是花之后，则很难取舍。从整个天地的安排看，每朵花都是一样美的，都是天道生的，所以花展要选王封后，看是要比鲜艳，还是比长久，比淡远，还是比浓郁，如此才显示出花世界的多彩多姿，有声有色。从天往下看，所有的花都平等，若从此花看彼花，则永远都不平等。红白两花互相说对方不对，如果桃花红、李花白，二者皆能互相衬托，就能形成花园美景。要如何才能看出它是花园美景？要从天看，原来所有的花都是生自天籁的无花之花。

所以，一定要从天籁往下看，则五大教平等。五大教最后还是讲到最高的，最高就是天，不管是佛、基督，还是真主、天道、天理，都是天啊！宗教有它的道、教义、仪式，有礼乐，有赞美诗，它们都很动人。宗教的音乐、宗教的艺术之所以动人，是因为它是通过最高的价值根源、最高的灵感创意写下的音乐，所以不同于流行歌曲。"流行"就是一下子就成了泡沫，虽然新潮，但很快就流逝。宗教的舞乐是永恒的，你只要听到礼赞颂乐的话，就觉得那"天"就在你的眼前，人世间所有的人籁、地籁都是天籁啊！

万物平等的理论基础在天籁

儒家、道家、佛教、基督教、伊斯兰教都是人籁，因为创教者是在某一个国度、某一个文化领域创出这个教的，是开创出来的，所以叫"咸其自取"，但他是取自于天。中国的宗教、印度的宗教、希伯来的宗教，传到世界各地，不管它们有多少家派，都是"咸其自取"，听起来声音都不一样，儒家、道家、佛教、基督教、伊斯兰教都不同，它们都是自己认取的，但是其根源都是同一个发动者，都是"天"。我们就从这个"天"来看，各大教一定平等，从天来看，儒墨也平等，不管他是资本家、政治家、艺术家、文学家、舞蹈家……政治家是要用天理来主政的；艺术家、音乐家的灵感，舞蹈家、雕塑家的创意，都是从"天"而来。

政治家、音乐家、舞蹈家、文学家、艺术家都不同，但他们都是由无声之声的灵感创意而产生各种不同的艺术风貌，所以希望音乐家不要看不起文学作家，画家不要看不起雕塑家……只要是"家"，一定是自"成一家之言"。"一家之言"的"家"是从"通古今之变"来的，"通古今之变"是从"究天人之际"来的。看起来是"家"，能成为"家"，是因为你通古今，而你能通古今是因为古人、今人都是人，而人性都是天生的，此即"天命之谓性"！现在我们看到的家派都是一家，宗教也只是一宗，但这个大教一定要通古今，要历经几千年才能形成；而它为什么能通古今，为什么能传承几千年？那是因为它承自最高的天。既然是最高的天，从天往下看，则各大教平等。

"万窍怒呺"就是《庄子·齐物论》的理论基础，都是

"天"籁,从天往下看一切皆平等。举一个很简单的例子,兄弟姊妹之间,哥哥看弟弟不对,姊姊看妹妹不对,你现在跳开兄弟姊妹的立场,在兄弟姊妹之上——就是从父母的立场往下看,四个兄弟姊妹平等,每一个子女都很可爱的。从天籁看地籁、人籁皆平等。

人体的天籁在真君

比较人文的说法,整个宇宙、世界叫作天下,再浓缩到自我来说,每一个人都有百骸、九窍、六脏——这是庄子说的,是否符合当代的医学理论,则另当别论。百骸、九窍、六脏,构成人的生命体。庄子问:你是喜欢所有的生理官能,还是特别喜欢其中的一部分?有的人特别喜欢胃部,因为他比较好吃;有的人特别喜欢肺部,因为他比较喜欢爬山,喜欢呼吸新鲜空气。庄子认为特别喜欢某一个官能是不可能的:"吾谁与为亲?汝皆说(同"悦")之乎?其有私焉。"因为我们同时需要百骸、九窍、六脏,你哪能私心偏爱哪一个!既无所偏爱,百骸、九窍、六脏就都等同臣妾般的地位。何以皆如同臣妾?因为从君而言其他都是臣,从妻来说其他都是妾,臣妾不能做主,何者可以做主?庄子说"其有真君存焉"?真正做主的是超脱形体之上的"心灵"。

每一个人都有心，若心都是一样的，怎么会有儒墨的是非呢？我有心，你也有心，我们的心一定能相通，一定会感应，亦即心心相印。既心心相印，怎么会产生人我之间的误会、对抗？对此，庄子给出了解释。你的"心"一定落在一个形物中，这形物称形躯，庄子不大看重形物，他认为价值的认取与展现就在-"心"；可以做主的叫真君，真正可以主宰生命的是人的"心"。从天地往下看，万窍都一样，从真君往下看，百骸、九窍、六脏都一样。

从心来说，心是无限性的，我们的心在一起的话，我们就可以贴心哪！心是可以贴在一起的，心不贴在一起，是因为形体的障隔，于是我们坐公交车时就讨厌别人挤过来，因为别人挤过来之后，你就没有空间了，这时你的反射动作一定是会让一点空间出来。我们不喜欢在公交车上彼此挤迫形体，但是我们不会厌恶心的贴近，尤其是相知的朋友，越相知就越贴心，越体贴我们的感觉越好；但要是形体越挤过来，就越压迫我们。所以"心"落在"形"中，是人生有限性的开端。

比如说，爱心落在阿拉伯或者是印度，它表现出来的形式一定是不同的；天理落在黄河流域或者是长江流域，它表现出来的形式也不同：春秋战国时期，南方楚地是道家，北方鲁国是儒家，韩、赵、魏三晋是法家，齐国、燕国比较接近海，是阴阳家。这就是"形"气不同啊！一样的天理，一样的心，落在不同的传统与不同的形气就有不同的风格表现。

心落在形躯，一在成形，二在形化

所谓成形，庄子说"一受其成形"，主语是心，"心"落在"形"中，"心"通过形气表现出来，"心"也受到形气的局限，本来我的心是通向天地万物，现在心已落在"形"里面，落在我这个人的身体里面，它已经跟我密不可分，成为一体。而我的爱心一定要通过我这个人去表现，我的爱心要通过我的才学去表现。譬如说，我要参与社会活动一定是通过我这个人，我不可能把自己想象成另一个人去参与，因为"成形"了嘛！形已成、已定，就是限制，所以说"吾生也有涯"。才有高下，气有强弱，心通过才学志气表现，同时也受到才气的限定。所以成形之后，你是你自己，你不可能是别人。

成"形"之外还有"形化"的问题。"形"是会变化的，我只是我，但我会从童年、青少年、青年的成长，走向事业有成的中年、壮年。"壮"走向老，老子说的"物壮则老"，壮之后，一定要往衰老走，反正我们都"壮"过了，老也没有遗憾。少年、青少年、青年、中年，每一个阶段都活过来，没有什么好遗憾的。人生有不同阶段的精彩与美好，这叫"化"。

无形的心，不会像形体一样，形成人我之间的障隔。每一个人的心都一样，都是爱心，都是美好，所有人生的问题都是我们的"心"落在我们的"物"。伊拉克的出发点，一定跟美国不一样，跟沙特阿拉伯、叙利亚和伊朗不同，但伊斯兰教世界信仰的真主都一样。真主就是庄子所说的真君，从人物说真君，从整个宇宙说真主，我们的信仰寻求终极的依靠。就人来说，心很重要，因为它是百骸、九窍、六脏的真君，那世界为什么会教派分裂、立场分歧呢？那是因为每个人的真主落在不同的传统。不同的时代，不同的国度，它就表现不同。成了"形"就是一个限定，因为你成了你自己，就不可能是别人，所以人生千万不要想做别人，做别人是不可能的，而且会让你自己很落寞。为什么我们落寞？因为我们失落自己啊！为什么我们悲伤？因为我们不是自己啊！很多的寂寞、悲伤，就是你对不起自己才产生的。很多人不知道，每天学做别人是绝望的，因为你不是他，学了半天，你仍然不是他，不如回头来做自己，还比较有希望，这叫"人籁之真"。

成形有是非

人籁之真，地籁之全，就是天籁。所以每一个人做"我"自己就是天籁，因为"我"的天生的性，就在本德天真，"我"做"我"自己，"我"就是天籁，因为"我"是天生的，天通过

"我"身上的形气才性发声。心落在形，形成两个问题，一个是"成形"，一个是"形化"。成形就产生"彼是"的问题，我成形了，但是另外一个人也成形了喔！于是有"彼"与"此"、"你"与"我"相对立的问题，即人与人之间的问题。我们说彼此之间，这个"此"是指我和我的立场，"彼"是指对方，"我"以外的任何一个人都是"彼"，我跟爸爸也是"彼此"之间，跟妈妈也是"彼此"之间，跟兄弟如此，跟朋友亦然，跟陌生的人更是这样，因为两个人都各自成形了，我们不是同一个人。而天下的心，无形体的障隔，心跟心可以感应。心一本而形万殊，因为落在不同的个体上，落在万窍，"万窍怒呺"，落在万种形状就有万种不同的风貌，更何况还不止万象，几十亿人口就有几十亿的不同形体，每一个人都不一样，各有天分才气，所以成形就有"彼是"的问题。

有"彼是"的问题，就会有"我对、你错"的问题产生，所以人生第一个问题叫"是非问题"。我们两人相处在一起，我都认为我对、你错，这表示我是非的判断标准很简单：只要是跟我不一样的，都不对，我都不喜欢；跟我一样的都对，我都喜欢。你看人我间的分别差多少，兄弟比较好相处，那是因为我们都是爸爸妈妈生的，"本是同根生，相煎何太急"，但不是同根生就差一大截了。"成形"就会产生"你""我"的问题、心知的介入，进而衍生是非问题，那么"形化"呢？

形化逼出死生

"形化"的问题很简单,现在医学上发挥一点功能,是能够延缓衰老的。人之所以做某些手术是为了要青春永驻,想要长生不老,就是因为你的形会化,形化到最后成了死生的问题。死生的问题是人生的第二个关卡,而且是最严重的关卡,只有靠宗教来解决,哲学很难化解。是非的问题在哲学上还可以获得理解,有所指引,它建立一个客观标准,来检验什么是对,什么是错,但遇到死生的问题,哲学无法让人得到解脱,唯有宗教才能够解决永生的问题。

儒墨的是非说的是,二者对人间天下的问题的分歧,也许儒家愿意肯定墨家,墨家也可以肯定儒家,是非就得以化解。然而每一个生命自我的死生问题呢?你五十岁的心情跟二十五岁的心情一样吗?你七十五岁时可以保持五十岁的心情吗?这蛮重要的,所以庄子最大的感伤就是:"其形化,其心与之然。""形化"就是我们在变老,"其心与之然"就是我们的心也跟着老去。我们希望我们的心永远年轻,永远年轻就是保持现状,不要跟着岁月往下掉。人世沧桑,满脸的风霜,我们一生的忧苦都在脸上,都在眼神里,一生的悲痛都在心头,那当然老啊,风霜是形躯的老,悲愁是心灵的老。在生命历程中,你一路把这些伤感悲痛给带过来,承担了太多是非的压力,从而面对生死大事无可奈何。宗教与哲学一定要解决人生悲苦伤痛的问题。

心知是"心"执着"形"

以儒家的立场来看，儒家是"是"，墨家则是"非"；以墨家的立场来看，墨家是"是"，儒家则是"非"。会产生这样的是与非，是因为彼此的心都执着自己，这在庄子叫"心知"。心本来是很自由、很空灵的，跟全世界站在同一条线上，但是心落在"自己"里面，然后又执着自己，这时候的心，是你自己的心，不是宇宙的心。宇宙的心是平常心，自己的心是不平常心，因为你每个地方都想到你自己，你就很难平常，"平"不起来也"常"不起来。你的特殊心——特别的用心，让我们的心不仅落在形，而且会去"知"，而执着自己的"形"。譬如说，我的心会去知我，执着我，然后我就只爱自己，而对别人不公平，只知道有自己，不晓得有天下，这叫作"心知"。只知道年轻的美好，而忘掉年长的成熟，所以他拒绝成熟，他要永远任性——这实在很奇怪，我们从稚真走向成熟，这是人生的成长；但是有些人却越是成长越是讨厌自己，这是一个人生的倒退。

天道、天理很公平的，年轻看起来是很好看，但是心里面却很贫乏；年纪愈大虽看起来没有那么年轻，然而心灵已渐趋成熟。上帝很公平，天道很公平，你看孔子怎么说的："三十而立，四十而不惑，五十而知天命，六十而耳顺，七十而从心所欲不逾矩"。孔子有没有说，四十而胃肠不好，五十而血压过高，六十而糖尿痛风，七十而心律不齐。没有！孔子才不那样想。因那是生命从成长走向成熟之境，关键就出在"成心"的执着。

成心是分别心，有成亦有毁

"心知"执着"形"就是"成心"，成心就是只知道我这个人，只知道我这一派，只知道我这个地区、这个行业，只知道我这个阶级、这个种族、这个宗教信仰，那问题就大了，因为你会抗拒所有跟你不同的人，包括其他的传统、其他的阶级、其他的教派、其他的党团，这是"成心"带出来的偏见。心一"成"，生命就"毁"，你成你自己，就毁了别人，你成了自我就毁天下，因为你只看到自我，没有看到天下。所以庄子在这地方指点我们"其成也，毁也"，在你成的时候，另外一面是毁喔！我们不要忘记，心成了"生"，也就讨厌"死"，逃避"死"；心成了"是"，就在对抗大家的"彼"。你成了你自己，就看不起别人，所以各大教互相歧视，互相以对方为异教徒，互相以对方为非我族类，就成了最大的罪过。派飞机去轰炸，发射导弹过去，这怎么可以呢？但人间就是这样。

关键就出现在"心"落在"形"中，然后执着这个形，不论是地域观念、阶级观念，还是自大狂或自我膨胀，都从这边而来，不光定着你的心知，还会牵动你的情识。心知一起执着，会牵引生命自我的喜怒哀乐与亲人朋友间的悲欢离合。你每天都担惊受怕你会落在不对的那一边，就好像全世界的人都对不起我，每一个人都要压迫我，怎么想自己都是受害者，怎么看别人都是特权。这些压在心头的负面情绪，就是情识的陷溺。

大知小知是心知，大恐小恐是情识

想象的世界是无穷无尽的，甚至我们会发现，原来墙壁中都藏有很多眼睛在看我们，我被禁闭在无形的监视系统之下，心陷于恐慌的状态。这"知"会在哪里起分别，谁有学问，谁没学问，谁是大学程度，谁只是小学程度，事实上有什么差别呢？都是"心"在分别，只要爱心一样，你管他什么学校毕业。心知执着"大知"与"小知"的分别，情识陷溺在"大恐""小恐"中，恐惧的恐、恐慌的恐，因为心知而产生恐慌。你看我们生命中是不是有很多的焦虑、很多的忧愁、很多的悲痛、很多的恐慌，害怕有一天我会变成不对，害怕不再年轻，不再是事业的高峰，不敢想象退休以后日子要怎么过，一想就紧张到睡不着觉。这就是情识。

以儒家为例，假定儒家只认为自己是对的，任何家派都会成为它的压力，只要想到其他教派存在就受不了，因为情识想象别的教派在否定它，威胁它。心知执着是自困，而情识陷溺则是自苦。你就在心里面盖了一座监牢，再把自己关进去，每天被禁闭在心灵的监牢里，然后每天在情识陷溺之下如同轮回般受苦受难，想象别人在对我搞破坏。不管事实上有没有，你已经受苦了。

我想象有一天儿女会不理我，从五十岁就开始悲愁，儿子会出国，女儿恐怕也会出国吧！那将来我在岁月中老去要怎么办呢？亲情尚且如此，更不用说在人我之间，在地位、名利、权势的争逐中，你会发现，此消彼长。所以，在人我的对抗形势里，在没有建立一个共识前，双方的"是"还没有交会，而双方的"非"已动摇了互信的基础。从庄子的哲学来说，双方都在自困自苦啊！庄子给我们的智慧是，要消除恐惧、恐慌、忧愁、悲苦，要消除伤痛、焦虑，你一定要先解消这个"知"，这叫"去知"。庄子告诉你要去掉这个"知"，这个"知"就是执着的执。这与佛家讲的一样，你的心知道了，你就开始有你的执着，你要去掉你的执着，不要有我跟你、彼与此的分别，不要有是跟非、死跟生的分别。如此一来，死与生的恐惧，是与非的对抗,就没有了,就消失了,你就不会有死生的哀乐之情。所以要去掉心知的执着分别,以免陷溺在情识的恐慌中。

离形去知是功夫修养

但怎样"去知"呢?你的"知"是"心"执着"形"而来的,所以要"离形",要把心与形拉开,不要老是用自己执着的"知"去看世界。你的心落在形里面,你的心通过你的形来看世界叫作"心知",但这个心是戴着有色眼镜的,戴着我们近视的眼镜,戴着我们斜视、乱视的眼镜,这样子看世界都是混乱的,都是倾斜的,所以你一定要做"去知"的功夫,而去"知"要从"离形"着手。

原来人生的有限性就是我们的心落在我们的形里面,心一起执着就失去自由了,所以庄子要我们"离形去知"地修养,这样开显的境界就"同于大通"了,也就是回到原本那个天地一体的心。心执着形,被形体局限的心叫作成心。你总得去掉"知",去掉自身的有色眼镜,而"去知"一定要"离形";你的心通过"成形"与"形化"而起执着,就是"心知"。"心知"是把标准定在自己的身上,总认为自己是对的,"离形去知",你的心就回到原本的空灵。"心知"迫使你流落天涯,"离形去知"使你的心回到你的家,让心回到原来的虚静。天地的家是万物相通的,叫"大通"。只要我们的心回到"大通"之境,回到那个天地的家,再回过头来看各大教,各大教平等;看儒墨,儒墨平等;看每一个人,每一个人平等;看万物,万物平等。

你若从"心知"的角度去看,不要说万物平等,你跟同学就吵得不能相处,跟爸妈都不说心事,夫妻互相生对方的气,身边的亲人都"平治"不了,更不要说什么治国平天下那么远了。因为家人间也落在自"是"他"非"的困境,先生对,太太都错;太太对,先生都错。夫妻如此,两代之间亦然,父母执着自己的观点,看儿女都不对;儿女执着自己的想法,看父母也都不能接受。每一个人都有一套是非,你一套,他一套,天下无数套,那还不分裂吗?我们要回到共同的"大通"那一套,大家有共同的世界观、价值观,让我们的心不要流落在十字街头,而回到天地的家,这个时候"心"再回头看每一个人,看每一个家派,看每一个教团,看万物,都平等。大家都平等,大家都放下心来,都不要比了嘛!当大家都不比时,家派、教团之争都被释放。

心有千千结都解开

哪一天你不跟人家比名气、地位、权势、青春、亮丽……

你才会觉得你好像活在天国。人间复杂,就是每天比,没完没了实在太累了,太苦了!哪一天大彻大悟不比了,大家都同于大通——大通是像一家人,再也不用比了。各位想想看,我们下班回家,都马上换上便服,不必庄严,也不讲形象,不要签呈,也不要批阅!儿子也不管爸爸是不是要写文章,就坐在我的书桌写作业;我看他在那边写作业,也不敢去说我要写文章,就赶快躲到小桌子去写,一家人还有什么分别。回家最大的美好就是你不用跟人家比,哪有先生跟太太比,儿子跟父母比的?回到家就不比了,所以回到家每一个人都很自在。再怎么累,回到家就放松了,为什么?不用比了嘛!

在什么地方逍遥游?就在齐物论的天地。真正的逍遥游,就在没有分别的世界里面,在这里我们才得到真正的自由解放,整个人精神放松了,每一个人都走在自己的路上,彼此间互相欣赏,人看人就像花园里面的花,只要开放都很美!都好看!我相信庄子的生命精神就在此。

今天我们对整个人生,对整个社会,对国际情势之下的两岸的未来,都有很多感受,甚至对我们的家居生活、人际互动、心灵都有所触动。我们要往"齐物论"的路上走去,心有千千结都可以解开了,看什么都对。我们希望过更好的人生,就从不跟别人比,而回头做我们自己开始。

寓言之内涵说解

◎万窍怒呺

《庄子·齐物论》旨在平齐万物,问题在,"物之不齐,物之情也",又怎能平齐?且说是平齐万物,已属价值观点,若基于事实观点,又何须平齐!而价值评估的依据,就在价值体系,故"齐物"之论的根本,在"物论"。

物论依吾人理解,当有真谛胜义与俗谛劣义的两层区分,前者是给出万物存在的理由,而作为解释并保证万物存在的理论根据,此相当各大哲学体系与各大宗教教义的存有论,如儒家的性善说与墨家的兼爱论。而儒墨皆世之显学,儒士与墨侠的行谊,在同一时代的舞台,相互之间会有"当今之世,舍我其谁"的挤压效应;且在"予岂好辩哉,予不得已也"的理论批判之下,两家真谛胜义的物论,会沉堕而为俗谛劣义的物论,本自具足的存有论,在相互攻伐之下,就此转成了自是他非的儒墨是非。

庄子就处在儒墨两家"是其所非,而非其所是"的年代,若儒是则墨非,墨是则儒非,不论结局为何,皆是学术文化界的大损伤。庄子的生命进路,在从两家的价值体系中超越出来,而站在天道的最高处,给出平等的观照,开出两家皆是而无非的并世两行之道。

各大家各大教的物论,可齐的理论基础,就在《齐物论》所建构的"万窍怒呺"的主题寓言。天地大块吐出一口气,那就是宇宙长风,除非此风不起,一起则吹向大地万种不同的窍穴,就会发出万种不同的声响,而这一大地交响乐,就是地籁;人世间的每一个人,也各有才气性向,如同竹管乐器般,会谱奏出自家独有的生命乐章,这是人籁。

不论万窍的地籁还是众妙的人籁,虽然万种不同,但皆属天籁的彰显。因为通过不同窍穴与才气所发出的有声之声,都从无声之声的长风天籁而来。由是而言,无论儒墨两大家还是当世五大教的物论教义,尽管通过各地区的历史传统、天候地理与风土人情所汇合而成的文化心灵,有如万窍怒呺般,彼此曲调风格,迥然有异,却来自共同的天籁源头,在价值上是平等的。

在此一物论平齐的基础上,各大教庇护下的信众教友才真正获得了存在地位的平等。不然的话,说是平等,却仅是悲悯包容,实则背后藏有优越感,以正宗大教自居,而这样的傲慢终究藏不住,必然引发抗争而走向决裂。当前基督文明与阿拉伯世界之间,各有教义戒律,却在政治权势的角力之下,真谛胜义的物论,已堕为俗谛劣义的是非了。双方自以为是,而把对方的不同判为不对,且各自宣称站在上帝或真主那一边,看似光明正大的为真理而战,实则是自我防卫与自我封闭的意识形态。

只有超越在两大教的物论是非之上，而"照之于天"，以天籁的源头，同体肯定两大教，且"因是"而"两行"，各自引领自家子民，走向基督与真主的永恒之路。

◎怒者其谁

《庄子·齐物论》"万窍怒呺"的主题寓言，是由南郭子綦跟颜成子游师生之间的互动对话而展开的。

某一天，子綦靠着茶几做静坐功夫，仰天呼出一口气，当下已解开了形体的局限。弟子子游有如护法般地陪侍在侧，他全程观看老师由修行而解体的神情，内心充满了困惑不解，也就质疑问道："老师，这就是你修养功夫所朗现的生命境界吗？怎么今天的你跟昔日的你，所呈现出来的存在样态，会如此地不同！人的形体或许可以像槁木一般地生机全无，而作为生命主体的心灵，也可以像死灰一般地一念不起吗？"

就弟子来说，这可是生死关头，跟老师修道，而老师给出的功夫示范，竟是"形如槁木"而"心如死灰"。前者还可以理解，心神离身而去，形体顿失润泽光彩，所以看似一块干枯的木头；而后者就难以接受了。假如修行的成果，竟是"心如死灰"，那子游就得重新思考还要追随老师修道吗。

子綦看到弟子对自身的功力，已出现了信心危机，也就慎重地做出解释:"你的问题相当高明,已经切中了修养功夫的关键点。你看我今天的生命气象,大见反常,那是因为我正在做'吾丧我'的功夫啊。你或许听闻了人间的声音,却没有听闻大地的声音;你或许听闻了大地的声音,但终究听闻不到天上的声音!"

子綦显然是以"吾丧我",来解答子游何以"形如槁木"的困惑;再以"未闻天籁",来回应何以"心如死灰"的重大质疑。子綦认为你的耳目官能,仅能看到有形的我,或许你可以说我"形如槁木";而心神无形,是"视之不可见",且"听之不足闻"的,你怎么可以断定我"心如死灰"呢?就如同你或许可以听闻有声之声的人籁地籁,而绝听闻不到无声之声的天籁啊!你看到我"形如槁木",即据以推论我"心如死灰",这里有一个思考上的跳跃,从而给出了错误的论断。因为,有形的耳目,仅能听闻有声之声的人籁地籁,而无形的心灵,才能听闻无声之声的天籁!

子綦想要澄清说明的是,"吾丧我"的功夫,就浮面表象而言,果真近似"形如槁木";就深层内涵而言,却不是"心如死灰"。心神的"吾"解消了形体的"我",心神归于虚静空灵,不仅蕴藏了无限的生机情趣,且涌现了无尽的灵感创意,那是"虚室生白",怎么会是"心如死灰"呢?

尽管庄子点出了"众窍""比竹"的"咸其自取",却以

"怒者其谁耶?!"来逼显天籁。当你听闻"万窍怒呺"的大地交响乐时,有没有想到那背后的发动者,会是谁呢?!此一根源性的思考,有两重意涵:第一重是叹号,肯定有一发动者;第二重是问号,发动者又自我解消。因为道体冲虚,才给出了"咸其自取"的空间。此如同《老子》第四十章所说的"天下万物生于有,有生于无",叹号的"怒者其谁",是道的"有";问号的"怒者其谁",是道的"无",天道凭借又有又无的"玄",而"妙"出万物。这样的"生"万物,是不生之生,这样的"主"万物,也是不主之主。但愿人间的政治领导人在扮演"怒者"的角色,发挥发动者的功能时,别忘了要有"其谁"的修养,由叹号转为问号,在自我解消中给出"咸其自取"的空间,或许,人世间才会有"万窍怒呺"的一体成全吧!

◎庄周还是庄周

某一个夜晚,庄子在睡梦中,化身为蝴蝶,当下就在花园中,随心所欲地来去飞舞,感觉生命欢畅自在,而忘掉了原初名叫庄周的那个人。

没多久,他从睡梦中醒觉过来,又赫然发现自己还是本来那个名叫庄周的人。在这一时刻,庄子的心中忽然闪现一个大问号,是刚刚庄周梦为蝴蝶,还是现在蝴蝶梦为庄周呢？人生到底哪一段是梦？醒觉与梦幻之间真的可以截然二分吗？

庄子作为一个文学家，此段寓言，理当就此画下完美的句点，整个故事主题，可以让人咀嚼回味不尽，因为物我两忘，情景交融啊！不过，庄子更是一位哲学家，总是要往终极的存在之理，去探问生命的本质。最后，他给出一段哲理性的总结："周与胡蝶，则必有分矣，此之谓物化。"

不论庄周梦为蝴蝶，还是蝴蝶梦为庄周，人生不能在此依止、停靠，因为梦境再洒脱适意，总是虚幻不实，庄周与蝴蝶终究要觉醒，而回到真实的世界来。所以，庄周与蝴蝶，必定有自家的本分。也就是说，庄周还是要回头做庄周，蝴蝶也得回头做蝴蝶。此等蜕变转化，庄子说是"物化"。

此一寓言，有三段进程：一是周是周，蝶是蝶；二是周不是周，蝶不是蝶，周可以是蝶，蝶可以是周；三是周还是周，蝶还是蝶。此中的蜕变转化，关键在"物"。物是形气物欲，第一层是"觉"的状态，心神为形气所局限，为物欲所障隔；第二层是"梦"的状态，心神摆脱形气的局限与物欲的障隔，故庄周可以有如蝴蝶般地在花园中飞舞，想蝶梦周亦当如是；第三层是"大觉"的状态，心神超离在形物之上，又还归形物之中。此时心神已彻底解放，形物不再是局限障隔，而直接与万化冥合。

以是之故,"物化"有两重意思:一是解消形气物欲的局限障隔;二是在心神的释放之下,而融入天地一气之化。此形气物欲虽已消解且融入万化之中,而本德天真自在,故庄周还是庄周,蝴蝶还是蝴蝶。

庄周梦蝶,可能是青原惟信禅师所说的生命三重境的典型:第一重"老僧三十年前未参禅时,见山是山,见水是水",此等同周是周,蝶是蝶;第二重"及其后来亲见知识,有个入处,见山不是山,见水不是水",此无异"不知周之梦为蝶与,蝶之梦为周与";第三重"而今得个休歇处,依前见山只是山,见水只是水",此也神似"周与胡蝶,则必有分矣"。关键仍在"见山不是山,见水不是水"的"物化"功夫。实则,功夫在心上做,无心无知消解心知的执着与人为的造作,有如"吾丧我"的修养功夫。《齐物论》以"丧我"开端,而以"物化"终结,正点出了平齐万物之所以可能的理论基础,就在主体不执着、无分别的修养功夫。

吾人若以平常心来给出生命的诠释,第一关的周是周,有如乡野村夫的素朴,第三关的周还是周,则是田园诗人陶渊明的境界。而其中的差别,就在不为五斗米折腰,而挂冠求去的觉悟超离,此所谓物化,是既化掉名利权势的沉溺执迷,又升越了自家道法自然的生命境界。

◎ "影之影"与"影"的对话

《庄子·齐物论》有一则"罔两问景"的简短寓言,主角"罔两"是"影之影",跟自身所来的"影",进行一段精彩的生命对话。

"影之影"问"影"说:"刚刚你在行进之中,现在你却突然停了下来;刚刚你坐得稳稳的,现在你却忽地站了起来。你怎么独独欠缺一个人该有的特立独行的操守呢?"因为"影之影"是"影"所拖带出来的存在,是"影"的二次方,"影"已够"罔"然的了,何况"罔"还要"两"的"影之影"呢!

"影"行止无常,且起坐不定,"影之影"立即被牵动,且"影"又从未透露讯息,迫使"影之影"老落在被拉扯的存在困境中,故表达严重的抗议。

"影"回应说:"请别错怪我,我是有所待才会这样地起坐不定而行止无常;也不要责难我所待的那个人,因为他的处境也跟我等同,他也是有所待才会长久地处在不定无常的状态中。我所待的这个人,就好像蛇所蜕的皮跟蝉所蜕的壳一般,他仅是表象,仅是外壳,从他的身上,又怎么能给出生命走向何以会如此、何以不会如此的解读判定呢!"

这一场"影之影"与"影"的生命对话,就此结束,留给后人一个体悟参透的话题空间。"影之影"被"影"牵动,而

"影"又被"形"牵动,所谓如影随形,"影"永远摆脱不了"形"的牵制。此所以"影"要为自己辩解,说是有所待才如此的,同时它又为自己所待的"形"辩护,说"形"也是不由自主,"形"依然有它的主人。"形"只是人家的表象外壳,根本不能决定生命的走向与存在的样态。

这一呼之欲出的主人,就是"心",庄子说是"真君",意谓真正可以做主的人。庄子由"影之影"追问"影",再由"影"推出"形",最后再由"形"逼显"心"。而"心"是无形的我,却是真正的我,此如同地籁、人籁是有声之声,而其源头却是无声之声的天籁。

庄子说是"罔两",实则在大众传播媒体与电子信息网络全面笼罩的现代社会,人的存在样态何止是"罔两",根本就是"罔万"。信息传播有如天罗地网无所不在,我们不再是自己的主人,而仅是这个庞然大物所拖带出来的影子的万次方。大家都是"有待而然"的生命存在,掉落在捕风捉影,甚至是"形与影竞走"的无奈吊诡中。挣脱之道,就在"无待"——不再痴痴地等,而从连锁的存在关系中超拔出来,回归自我,找回"真君",而活出真实的一生。别在文明的魅影与科技的幻影中,惘然度过一生!

养生主——存在的困局

"养生"之主,在养"生主",生主即生命的主体。
怎么样去养生?就在养"心",无掉心知执着,你无名就无刑,
心里面没有名,没有优越感,没有分别心,
人生每一阶段便能免于刑害而自在安适,
"当下即是"且"所在皆是"。

生有涯而知无涯

《庄子》第三篇是《养生主》,紧接在《逍遥游》和《齐物论》之后。《逍遥游》,是自我的超拔提升,讲如何让自己在有限的形躯与动变的人间中超拔出来,解消困苦逍遥而游。《齐物

论》，是讲立身人间社会，与群体大众一起过活，不能只是一个人去逍遥。人生的第一个理念——人生是一定要"生"出来，而这个"生"出来不光是活下去，还要"生"得出来，就好像父母"生"出儿女，老师"生"出学生，政治家"生"出百姓，"生"一定要生成，生成就是人生的价值所在。这样的话，才没有白白过这一生。人生的第二个理念就是我们的"生"，一定是要跟众生一起，不可能孤单地活出来。

《养生主》一开头就说出亘古以来人活一生的两大难题，一是"吾生也有涯"，二是"而知也无涯"。涯是涯岸限界，吾生有涯，是人生都有一个极限，这就是百年大限。现代人讲生涯规划，做学生的生涯，当老师的生涯，生涯是指人生的限界，当学生一定要读书，当老师一定要教书，读书、教书就是你要如何活出自己的限定。所以"生有涯"就是我们的生命是有限界的，这是人生第一个问题。

《齐物论》说人生有两大限定，一个是成形，另一个是形化。成形是生成这个形体，父母亲把我生下来，我这一生就是靠我这一个人的才气性向去活出来。所以成形有命定的味道。因为你不可能变成另外一个人，我不可能变成哥哥，不可能变成弟弟，尽管兄弟是手足，是同根生的，但是，哥哥不能取代弟弟，弟弟也不可能取代哥哥。这个社会上有这么多人，每一个人都有他的精彩，我们看了都好喜欢，问题是，你不是他。

你看这个社会值得我们欣赏的人不是很多吗？每一个人都有可欣赏的地方，但我不是他呀！所以从这一点看来，人生只有一条路，你不是他，但你可以欣赏他，让遗憾变成美感。我不能是他，譬如，我没有秦汉的相貌、林青霞的身材，不免有憾，但你可以欣赏他，欣赏他就有美感，遗憾变成美感，人生就没有遗憾，这是道家哲学给我们一个很好的"化"，把所有的遗憾转化而成美感。我不能是他，但我可以欣赏他的精彩，我看到他的精彩，等同我生命中有此精彩，因为我看到了。成形就是限定，多少我们喜欢的同学朋友，每一个都有他的青春美貌、他的聪明才智、他的亮丽光彩，但我不能是他。这是人生的第一个有限。

　　人生的第二个有限是，我这个人也会在时间中发生变化的，从童年少年走向青年中年，甚至老年。你看看小时候的照片，你几乎都要认不出自己了，原来过去我那么好看。对呀！但已成过去了呀！现在呢？现在老了，这叫"形化"。"成形"是定形，所以我的相貌不会有什么重大转变，身材、才智也就是这样了，我已经成形了，此生有限就是我不可能变成另外一个我；再来就是，我这个人也在变化中，随着年华老去，不再年轻好看了。生有涯就在成形与形化：一是生命有限，有限的意思是你只能做你自己；二是生命本身也会变化。所以我们才希望青春永驻、长生不老，因为身体会变化而衰老，我们不喜欢变老,但愿时光倒流可以年轻回来,却没有人做得到,只是妄想。我们的年少亮丽跑到哪里去了?就在儿女身上。告诉诸位一个秘密,你不要嫌中年不大好看,你不要看自己,每天看儿女就好了,所以每当我有点伤感时,把儿子喊到面前来看看就好了,说句:"好可爱喔!"就好像自己又年轻回来了!

生有涯就是我是我,不可能是别人

　　人生第一个问题,我就是我,我不可能是别人。问题是,你跟别人活在一起,会问是我帅还是他帅,是我对还是他对。所以人生很多人在一起,会产生是非。成形会带来是非,是美国人对还是俄国人对?是白种人天生丽质还是黄种人自然就是美?上帝是白种人还是黑种人?黑人说是黑的,白人说是白的,我们没有去讨论,不然我们一定说他是黄种人。这就是因为大家站在自己的立场讲话,所以"成形"就分出彼此,分出你、我、他,每一个人都有自己偏执的是非观念,个个都以自己为标准来说自己对,这就产生了是非问题,我是他非。

　　第二个问题,形体会变化。由少而壮,由壮而老,最后就逼出死生的问题。生老病死是人生的常态,人生百年嘛!百年只是一个数字。"是非"跟"死生"的问题就是"知无涯"——因为你有执着有分别——是非问题很复杂,死生的问题很无奈，这种问题无穷无尽、没完没了。人生有两大问题，一个是人生旅途是有限的，另一个是所追寻所渴望的却无限。譬如今天晚上，你可以看书、听演讲、喝茶、散步，每个活动都很好，但你只能选择一个，你做了一件事，其他三件事就做不了了，这叫遗憾。人生只有一个，想做的事却太多，每一个都使现在的你分身乏术。"知无涯"，就是你想要的太多了，你被社会百态带走，街头流行很多东西，都是新潮时髦，但是我们的薪水有限，你要买什么呢？买这就不能买那。这叫"知无涯"。

"我"本身有限，而"我"活在人间想拥有的太多了，这叫自我的有限性与人间的复杂性。我自己是有限的，所以叫限定，而人世间是复杂的。今天晚上有三个朋友过生日，而我只有一个人，他们又不愿一起庆祝，因为他们不一定是一起长大的朋友嘛！你参加了一个人的生日，会觉得对不起其他两个人，另两个人也会生气或遗憾，人我之间是复杂的。我爱我的儿女，可是有一天我们会离开他们。你看，你的有限性来了。你实在不喜欢这有限性，可是你一定要承受这有限性——总有一天要分离的。另外，在每一个当下现前，面对众多的同事跟朋友，你要陪谁呢？总不可能在大礼堂里团聚。每次人家跟我说："王教授你要在哪边演讲，请你打电话给我。"但我没有打过一次，我想随缘吧！而有些朋友就是希望听我所有的演讲，甚至我的课，但这是不可能的。因为人有限而人间复杂，我们才要逍遥游，无待之游。

完全自由，"养生"极致

人生的际遇变化太多，就因为知也无涯。逍遥无待之游，就是要让生有涯变成生无涯，将"有"变成"无"，就是人生的一个突破。人生是有限，我让它无限，我不断往上提升，我便不再只是我，就像大鹏鸟飞在九万里的高空，飞向广阔无垠的天际，怎么会有自我的有限性呢？生有涯，我们要突破自我的有限性，而这个突破会让有涯变成无涯。

知无涯，用现代语言说就是多元的价值，开放的社会。现在风尚是东洋风还是西洋风？是西方哲学好还是东方哲学好？是儒家好还是道家好？是旧教好还是新教好？这个很复杂。知无涯就是你被牵动，被带出去了，就像在十字街头不知何去何从，就像在百货橱窗前流连踌躇；知无涯就是你被带到一个什么都可能的世界，但是你不知道哪一个对你自己比较好。就像读书，《老子》就有太多版本、太多注解本，更不要说还有一大堆的流行本了，这太复杂了。所以要讲齐物论，天籁齐物之论就是要破解"知无涯"，不被牵引而流落，读通《老子》就可了解宇宙人生的问题。但是现代的人，新书一出版了，有人问他读过没有，若他根本还没读，便觉得自己落后。《老子》是第一等书,《论语》也是第一等书,各大教经典全都是第一等书,你只要将第一等书读通了、消化了,体现在自家的身上,便是人间第一等人。但是我们却被带到无边无际的书海中。全世界每天不知出版了多少书,你一想心就慌了;所以我会说"什么书都买等于没有买""什么书都读等于没有读",希望各位深思。

所以不要被带到什么都想要、都有可能也都喜欢的境地,那样的话一生注定不幸福。因为你定不下来,你好像每日都在十字街头,不知该走哪一条路,所以要体认"知无涯"的复杂纷扰。人生不必要读几万本书,我们只要好好读熟一本经典,就可以受用无穷。我们的宗教信仰与人生修养的价值依据都在里面,读进去把它读通了,你就不必流落十字街头,不必每天跑书店,每天进图书馆抄卡片存资料。没有理念,没有实践,怎么念都是理论,都是应付考试,结果自己一点受用也没,没有将书读进生命中,书永远在外面,跟外面的车水马龙一样,对你来说都是不相干。所以天籁齐物之论就是要解决"知无涯"的问题,转而体悟"知有涯",才不会变成无限的膨胀与无穷的追逐。

心思逐物无边,永远赶不上

所谓"年命在身有尽,心思逐物无边",心思所要追求的无穷无尽。譬如约稿写完了,正觉得轻松了,但明天新的约稿又来了,有时一听到电话就害怕,人家会说:"王教授,你答应写的文章怎么还没寄来?"我就觉得亏欠人家,所以现在人家请我写稿,我会说:"虽然是好朋友,但我只是一个人,每天只有二十四小时,我有空就会写。"这就是"生有涯"的"年命在身有尽"。问题是,没过多久又觉得应该写,你对社会有责任,而这也是心思逐物无边,想做的事太多了。"以有涯随无涯,殆矣!"以有限的生命追求无限的心知,那是不可能的任务。

士农工商,各行各业,都有开创发展的可能,都可尊敬,但我只能选择其一。教书就要好好地教书,做人就要好好地做人,不要又想这又想那,不要不认同自己所选择的,这叫以有涯随无涯。譬如有的老师玩股票,根本无法专心教课,学生只见老师脸色阴晴不定,教室的气氛怎能正常化。以有涯追随无涯,是"殆矣"。"殆矣"就是完了、毁坏的意思。生命是有限的,你想要的太多,如此是永远追不上的;即使追到了也没用,因为明天它又跑到前面了。你刚买下照相机,马上就有新款;你买了这个冰箱,新型的又推出来,吸引你再去买更新更好的一个。这叫心思逐物无边。所以在电视的广告、社会流行的带动下,用有限的生命旅程,去追求无限的心知想望,你永远都赶不上,因为新的会不断地出来。你永远赶不上的,这叫"殆矣","殆矣"是不可能的,只是白忙一场,永远停不下来的。

更重要的一点是,心知执着是虚妄的,是不值得的;假定它是有价值的话,就是落后也不急,反正可以逐步追上。

"知无涯"是想要的太多,且竞争激烈

这个知无涯的"知",是不好的意思,在道家哲学思想里,想要太多是不好的。"知"不是今天我们所肯定的那个客观的知识、学问,只是来自商业的广告,名人带动的流行,告诉我们可以有这个,可以追那个。而这个"知"是虚妄而不值得的,是我们被广告所带出去的。

譬如一有商品降价便买一大堆不需要的东西,使家里成了储藏库。你以为赚了一半,因为半价嘛!但问题是这些东西买回来没用,事实上是你损失了一半,而非赚了一半。本来东西是一百块,现在降为五十块,便赶紧买回家,但摆着都没用;我们误以为赚了五十块,事实上你是赔了五十块,还让客厅不是客厅,书房也不是书房,都成了储藏间,那才真的是赔了夫人又折兵。广告就有那个魅力,会让用不上的人把商品带回家。所以每天傍晚我都会很紧张,有时太太买的东西有好几包啊!她还抱怨你怎么不帮忙拿,然后动员全家大小把东西抱回家——我就知道她又"知无涯"去了,她忘了她的先生是"生

有涯"，然后她每天都在街头上"知无涯"。很多青少年朋友也一样会忘掉父母是"生有涯"，每个青少年都在"知无涯"。不过，为了家庭，为了儿女，我们都认了。

"殆矣"另有一个意思，是停不下来。因为社会总是用新的东西在带动我们，新的东西一出来，一定想尽心思让电视广告深植大大小小一家人的心里。"殆矣"就是你永远赶不上它，你永远停不下你的脚步。人生命定是浪迹天涯，你看我们是不是有时会觉得好累，每天闹钟一响，赶快爬起来，一堆行程表摆在你眼前；有时太累太忙了，连睡梦中也在想明天的事。还没到已在想了，先想十年后、二十年后怎么办，这个社会变动太大，所以叫"以有涯随无涯，殆矣！"既然是不可能的，是停不下来的，是永远赶不上的，结果你还要去走"知"的路，所以说"已而为知者"——已知结局如此，却还坚持走这条路，"殆而已矣！"——那人生就走入一条死巷，再也找不到出路了。明知此路不通，还去追逐流行时髦，永远赶不上，永远停不下来，永远不可能，但你还是选择这条路，"殆而已矣！"此生注定是一场悲剧。

无形的心才是生主

庄子精彩啊！短短几十个字，要一个钟头的时间去解说，这叫经典。经典就是他只讲几句话，我们就要用一生去想，所以我们一定要读经典便是这个道理。你明知此路不通，还走下去，那就命定是一场悲剧。所以，《养生主》主要告诉我们怎么从这条路走出来。"心思逐物无边"，就是因为你的心去"知"，心知就是心执着是非，执着死生，心知是有分别，你有这个分别，就一定会去追求，一定会被带动。我们常会觉得新的才是好的，是值得追求的，用新旧来评断是非，你马上被带动，因为你有分别，你的是非是通过新旧来分别的，于是总想办法让自己新。但每天都有新的出现，所以这社会就会让人生不快乐，它一定要让你赶不上，让你停不下来，让你跟着它跑，所以庄子要把执着解消。

"心知"即"心执"，心有执着，有分别。分别心，佛家叫"识心"，要"转识成智"，庄子叫"成心"，"成心"就是在心里面成立了它的分别——新的就是对的，旧的就是不对的，所以现在大家不愿读古书，因为旧的不对，新的才对。我念大学的时候，不敢说我是中文系的，否则人家会像看古董般地看你，因为他用他的是非标准、用新旧来说你对不对，来说你进不进步。在民国初年，中国最勇猛的青年叫新青年，新青年要打倒孔家店，孔家店存在两千多年，我打倒孔家店就是新青年，你不打倒孔家店就是旧青年，旧青年是没有前途的。就像过去台湾男生一定要念理工一样，男生念文史就会被人家笑，所以渐渐造成断层，使得台湾在法政文史方面人才很少。这当然会有问题，这个社会靠法政，不是立法、行政跟司法的问题吗？我们需要法律、政治还有经济的学者；那么这个社会要不要靠文学、艺术、音乐、哲学、宗教呢？今天台湾有财富，但没有心灵，没有教养，没有方向；到处都是钱，但是钱没有方向。最重要的是你心里面一有这个东西，你一生就被带进去了，这样的分别，庄子叫"名"。我们现在不是叫成名吗？我告诉各位，"成名的人就是受刑的人"。

成名人就是受刑人

我们刚开始没有成名的时候，都向往人家的名气，哪一天你的名气大起来以后，才知道一点都不好玩。名是人生最大的枷锁，那个名就是压力，那个名会形成心理的负担，形成一生的压迫。所以从"心知"来说，这叫"名"，但心知会带动生命，所以从生命来说这叫"刑"。同样的东西，你心里面一有分别，譬如我们分贫富，有钱才有面子，没钱就觉得很挫败，你一有这个想法，就受到以贫富为是非的分别所带来的压力。以贫富为是非，什么是对、什么是不对，有时用新和旧来说，有时用有钱、没钱来分别，你只要接受这个价值观念，你就会觉得自己什么都输给人家，什么都不对。

就像当教授很清高，看起来很高，事实上很苦啊！有次搭出租车和司机聊天，他问："你是做什么的？"我回答他："在教书。""在哪里？"我只好回答："'中央大学'。""喔！那你是教授啰！""对！""那你一个月赚多少？"我说大概多少。"那你跟我差不多嘛！"他再问："那你念了几年书？"我说："到现在还在念！"刚开始谈话时，我很高，他听到"教授"，肃然起敬，到最后他发觉原来我很"清"。我想这样也好，让他快乐一点，也算日行一善，让他觉得原来读了几十年书的教授不过跟自己一样嘛！我自己绝不采取这种观点，不以贫富来作为我一生价值评判的标准。这个分别叫"名"，它的影响力叫"刑"，所以庄子讲一句名言——"为善无近名，为恶无近刑"。

善恶美丑就是"是非"

人生最重要的分别就是善恶。对善跟美的执着，叫心知。立一套美善的标准，界定什么是美、什么是善，这叫分别。善恶、美丑就是是非，是非的极端二分就是死生，因为生是全部的有，死是全部的没有。我这说的是世俗的观点，宗教可不是这样讲的，因为宗教还有死后的世界。人间的现实观点，死后的世界是一无所有，所以为了要让我们的人生可以活得长久一点，我们需要哲学、宗教，不然人生只有这几十年，只有这一百年。这个分别生是善而死是恶，善恶的分别就是名，譬如钱赚多是善，赚少是恶；美丑的分别也是名，二十五岁是美，四十岁就丑。我姑且这样说，假如白种人是美，那黑种人就丑了，或进一步说白种人是善，那黑种人就是恶，这样在黑白冲突中就有人认为黑种人不该活下去。如果不执着美丑善恶的分别，就可以还黑种人本色，黑种人跟白种人一样是好人。

人世间有很多莫名其妙的标准，用贫富、新旧来说你对不对、好不好，庄子就是要破那个分别，所以善恶是名，名就是你在心里面有这个分别。你心里面有这个名，就会带动你的一生，你白天承受压力，晚上也做噩梦。有学生告诉我，到了四五十岁晚上做梦还在高中时代考数学，可见以前压力太大，还没有过去呢！这叫过不去。人生过不去这太苦了，因为它在晚上会冒出来，而还没来到的岁月，自己又先想到，所以你就开始想人要面对老年的问题。你先想，老子管这叫"前知者"，这个"知"已经不好，"前知者"就是把那个"不好"想在前面。我记得我女儿在三四岁的时候，在外面扮家家酒玩，突然进来问我："爸爸你将来是不是会老？""是啊！""那老了是不是会死？""是啊！"她边哭边叫说："爸爸！我不要你死！"我说："爸爸还没老啊！"那时她突然抱住我，受到死亡的压力，她害怕爸爸会老、爸爸会死，她承受不了人终会老死的压力。

当然将来总会来，但我们把将来可能会发生的事，想象成一定是坏的，而且又提前几十年伤心，提前几十年痛苦，这个就是老子所说的"前知者"！人家都说"未卜先知"，"知"已不好，还去"先知"，所以"先知"在道家的义理来讲，就是把痛苦想在前面。善恶是名，你心里面有它，你就有这个分别，这叫名号，然后你一生都会被它带动，受到它的压力，被它全面笼罩。你说"我一定是个强者，我一定要证明自己是个强者，我一定不只是个学者、教授，每个月才领那么一点的薪水"，你每天就承受那个压力。所以善恶是名，善恶也是刑。总之一句话，"名"就是"刑"，所以我说"成名的人就是受刑的人"。问题是大家都不知道啊！你想想看，那些成名的人可以在街上走来走去吗？他方便在小摊吃碗担仔面吗？他没有隐私权，他到哪里都有记者在后面追。就像英国王室成员，身为王室的一分子，对他们来说是个极大的刑罚，没有任何隐私。他就算在一个孤岛上，还有人可以用远镜头把他的活动拍下来，这就是刑。

我们当然要避开"刑"，避开让我们生命受苦的"刑"，但是生命受苦的"刑"是从哪边来的？是我们"心知"执着的"名"所带来的苦，所以你要解消这个苦，就要先解消这个"名"。你一定要从无名做起，无名才无刑，你要去掉以贫富代表成功失败的分别，你一生才不会对自己的工作行业不满意；你一定要无掉新旧作为是非判断的标准，你才会去好好念几千年的经典。所以你无名就无刑，你可以坦荡荡在阳光下念老庄经典——假定你以新旧为是非的标准，你不敢让人知道你念《道德经》或《南华真经》，一定会找一本现在最新思潮的书来念，以代表自己是前进分子。所以无名才能无刑，这叫"为善无近名，为恶无近刑"。这句话在我还没译成白话之前，先分析一下它的语句构造，即还原为"无为近名之善，无为近刑之恶"，再简化为"无为善无为恶"，因为善是名，恶是刑，所以才说"无为近名之善，无为近刑之恶"。实则善恶是名，善恶也是刑。我们做好人是一种压力，你要放得开，不执着善恶的二分，连自己做好人都要忘记，它就不能压迫我们；不然好人没好报，你会受不了，痛悔自己为什么要做好人，做得那么辛苦，那么冤枉。所以善恶的执着分别是名，善恶的执着分别所带来的压力伤痛就是刑。

等待回报就会自苦

假定你认为自己是在做好人做好事，等待别人回报，那就会自苦。多少父母对儿女都觉得白疼他了，多少老师对学生的感慨都是白教了，这样的话，岂不是当父母、当老师的自苦？我们忘掉了做老师、做父母的名，这一生就不会痴痴地等学生儿女要尊师，要尽孝道，他们要尽当然很好，他们不尽我们也不必有遗憾，当初就是为了爱他们嘛！已经爱了就没有遗憾。爸爸爱儿女天经地义，老师教学生天经地义，已经爱了，已经教了，已经完成了，你何必遗憾呢？但我们会忘不掉啊！你在心里面有那个名，你就永远记得你是父母、老师，你付出太多了，你太辛苦了。你连这都忘不掉的话，那就会变成一生永远的辛苦，更重要的是，你不放下，就会给儿女压力，那不就背离了我们爱他们的本心初衷了吗？

齐物论是他"是"我也"是"，大家齐"名"，大家都成"名"，给自己一个机会，给自己一个可能。另外我也不说我"是"别人"非"。我的朋友在小学教书，我在大学教书，我不认为他是"非"我就是"是"，我认为教小学比教大学更难，教幼儿园的更了不起。做妈妈的最了不起，孩子哭了，做妈妈的半夜都要起来喂奶换尿布，但她总是一直爱下去，没有第二句话。哪一个最伟大？妈妈最伟大，再来是幼儿园老师，再来是小学老师、初中老师。所以我支持对小学老师和初中老师免税，但我认为更应免税的是幼儿园老师，最该免税的是守住一家人的妈妈。所以不要认为在大学教书就比小学老师了不起，这个是非也要去掉。

"无名"要从两方面说，一是我不认为自己很差而别人了不起，二是我也不认为自己了不起而别人很差。"无名"以后大家才能一起活出来，一起得救，你看得起我，我也看得起你，你很有面子，我也很有面子，你有你的一席之地，我也有我的一席之地，这样不是大家一起活出来，也生成了吗？

大家逍遥才叫齐物

所以，什么叫"齐物论"？每一个人都逍遥游，才是齐物论。现在很多人都没逍遥游，都在受苦受难，都是受刑人。为什么受刑？因为我们没有齐物论，我们有行业职等的分别，有优越感。什么是好的、不好的？什么是高人一等、矮人一截？有了这个分别心，大家就不可能逍遥游。所以齐物论有一个好处，大家一起逍遥游，这个世界上再也没有受刑人。没有受刑人是因为没有用新旧来分是非，用贫富来决定贵贱，没有了这样的分别，大家都活得很好。

我们也不是不能过清苦的日子，我们是受不了别人鄙视的眼光，受不了别人悲怜的眼光；我从小粗茶淡饭过一生，但受不了别人"你好可怜"的眼光。我们小时候都有这样的遗憾，总觉得同学的爸爸都有钱有地位，自己的爸爸好像没有钱没有地位，自己在学校的活动无形中受到很大的制约；假定没有这分别，穷苦人家的小孩也有权利拥有一个美好的童年岁月。最不堪的是竟然连天真童年都被剥夺，老师都不太理穷苦人家的小朋友；老师应该引领所有的同学来齐物论，可是少有老师可以做到，因为他没有齐物论，他是分别心。原来受苦受难都是心里直接的感受，人家那种看法那种眼光，才是让人受不了的伤害。所以我们无名的话，就可以无刑。无名就是齐物论，无刑就是逍遥游。

无名就是大家都一样好，一样天真，一样可爱。为什么上学要穿制服？要齐物论嘛！你不穿制服的话，就不能齐物论！因为穿着相差太多，富有人家子弟穿名牌得意扬扬，那穷小子就仿佛矮人一截，大家都穿一样的就没话讲了。所以穿制服也有大道理，那叫"齐物论"。什么地方做得最好？军警全部穿制服，但军警有官阶的分别；宗教没有三星二星、三杠两杠的分别，宗教不会分，所以宗教做得最彻底。众生皆有佛性，人人皆可成佛，即是齐物论，齐物论就可以逍遥游。逍遥游是避开生命的压力跟伤害，你要避开生命受苦的那个枷锁，你就要解消心知的执着分别；心知不执着无分别，那人生就无是非、无死生。这叫齐物论。

名是人生最大枷锁

说到"养生主"，怎么养生呢？就是希望生命不受苦，消解掉生命中的刑害而让我们原来的生命回到天真美好，使每个人都喜欢自己的童年，无忧无虑，因为那时分别心还没出来。

人物活在人间就像在社会漂泊，大家随处流落，受到是非、死生、成败、得失、利害、祸福、荣辱的煎熬。成长路上，穷苦人家的子弟就像小可怜一样。我哥哥小学毕业，他考上中学，却因家里太穷交不起学费所以没再上学。他那时一看到同学上学路过我家门口，就躲起来，他觉得自己不能去上学很羞耻。这是什么世界？升学考试他考了第二名！有一阵子他很少回家，即使他过年回家，在和家人团聚后也马上就离开，到台北工作。台北没人认识他，大家没有分别心，没有人知道他失去了上中学的权利；在西螺镇人家都知道他没上初中的委屈，而委屈带来难堪。

你的爸爸怎么样，你的祖父怎么样，你的家世怎么样，这在家乡好像是永远摆脱不了的刑害，所以大台北地区也有一点美感，就是你的过去没有人知道。我只是举例，不是说我们不要认同自己的乡土，只是说这些东西总会带给我们无所逃的痛苦压力，所以你要"无"掉它们。你把世俗的势利观念摆脱，就不会承受被人看不上的伤害，就不会有失败者的挫折感，不会觉得人家都好，我们都不好，人家高贵，我们清寒，所以无名就无刑，你摆脱它了，就没有东西可以压迫我。

"养生主"有两层意涵：一是"养生"之"主"，"主"是主要，讲养生的纲领或养生的根本；二是养"生之主"，"生之主"是心，养生之道在养心。"心"在《齐物论》说是"真君",《齐物论》认为每个人的生命真正可以做主的是无形的"心",而不是有形的身体。它讲天籁是无形的声音,真君是无形的我,无形的心既不是心脏,也不是大脑,而是心灵,它是天籁,是生之主,"养生"之主就在养心。有一次我参加一个叫"女人女人"的电视节目,有一个题目问如何养生,有四个答案,但我都没选,因为我觉得应该要养心。先生跟太太一起去听演讲,读书,参加公益活动……这个时代不需要再讲补脑补身,大家已经营养过剩了,我们缺乏的是心灵的内涵。

所以,第一是养生的要点在哪里?第二是我们要养的是"生之主"。"生主"即生命的主体,我们要养心才对,要有善良的心、包容的心、体谅的心,真正要养的是生命主体的心灵。我把这两个意思结合起来,养生的要点是什么?是养心。人生是要养生的,养生的最主要原则就在养我们的心,"养生"之主,在养"生主",这是《养生主》的主题意涵。

养生之道在养心

说要养生,而生命受苦受难,是因为心知执着困住自己,人为造作让生命受苦。"知也无涯"就是,想要的太多,不免被挫折的阴影笼罩,永远赶不上,也停不下来,又疲累又厌倦,一天下来最大的感觉就是好累,想到明天就厌倦。疲累厌倦是因为你被带动，你承受社会的压力，应观众、家人、朋友的要求，但你又不喜欢自己所做的，所以愈做愈疲累，愈做精神愈差，甚至希望明天永远不要到来。

所以养生要养心，养心在道家讲要"虚"、要"无"。你心里面的"知"，就是是非跟死生，就是"名"，现在我们把"知"无掉，也就是"无名"。我现在无掉这个"知"，无掉新旧贫富的是非分别，把心里所执着的负担无掉，无掉后我就可养生，生命就不苦了。

之所以要养生是因为生命受苦受难且疲累厌倦，养生就是不要让生命又苦又累。你不好是心自找的，你在心里盖了很多监牢，把自己关在里面，让自己成了受刑人；你忘不了童年的苦，忘不了人生某一段痛心的不堪、某一个严重的挫折，并把它盖成"违章建筑"，把自己关在里面出不来，你一想到那件事就悲从中来，这个"生"就此没了欢笑，没了喜悦。你要养生就是把充实美好、幸福快乐找回来，拆掉心里面的监牢，拆掉长久以来藏在心中的违章建筑。你一定要放下，一定要走出来，不然家人、朋友都被你牵连关在里面，且这样的监牢是无形的，是随时都在的。在人间的刑或许是有期徒刑，藏在心中的刑那可是无期徒刑，那是终身的，一生都关在里面。所以养生一定要养心，养心在道家来讲要"无心"，"无心"即"无知"，无掉心里的执着，拆掉心里的监牢，拆掉以后，我们就不会受刑了，因为不成"名"就不受"刑"，特赦自己，你会发现海阔天空，天地无限宽广，在齐物论中逍遥游。

怎么样去养生？主要应该在养心，把心里执着、分别的监牢拆掉，你无"名"就无"刑"，你有"名"就有"刑"，心里面没有"名"，心里面没有优越感，心里面没有分别心，这样的话，人生每一阶段都免于刑害，都过得自在。逍遥游的界定在"无待"，"无待"就是不等明天了，现在就很好，"当下即是"，任何时段都很好，"所在皆是"，任何地点都很好。一定要特定的时段地点、特殊的人选才可以，那样的逍遥游没有保证，所以逍遥游一定当下即"是"，而且所在皆"是"。人生要如此就要拆掉心里的监牢，没有监牢我们随时都自由，什么地方也自由。

解牛原理在无厚入有间

养生就是把生命的苦痛取消，让天真回来，让美好回来。怎么样才回得来？把迫使天真美好消逝的因素取消，不要在乎成败，不要在乎得失，不要在乎利害、祸福，不要在乎新旧、贫富，你把这些放开后，就是完全的自由，这样就是养生的极致！

《养生主》里有个寓言是"庖丁解牛"。庖丁是庖人，庖人要宰牛。这庖人是一位高人,为君王表演解牛的功夫,演出一场解牛秀。庄子说他是在音乐的旋律和舞蹈的动作中进行,他一举手一投足都有美感,合乎音乐的节奏和舞蹈的律动。解牛的过程就像是一场艺术的即兴创作,所以君王赞美道:"你的技巧实在太高了,令人叹为观止。"庖丁提出严重抗议:"我解牛可不是'技'的演出,而是'道'的展现。"("臣之所好者道也,进乎技矣。")重点在道的追寻而不是技的讲求。他说一般宰牛的人,大概一个月要换一把刀,因为用刀砍斫骨头,刀会损坏;比较好的庖人的刀,一年换一把,因为他们是用刀去切割肉;而他的这把刀用了十九年还是完好如初,因为这把刀"无厚入有间"——刀刃没有厚度,而牛体的结构有空隙。

这把刀是生命自我,"牛"体是人间世界,刀刃、刀锋就是我们的"心"。我们为何伤心?因为你这把刀老是去切割人间世界的肉,或砍斫人间世界的骨头,你跟人对抗破裂,伤感情即伤心,所以我们才会衰老,才会往事不堪回首。要养生的话,得避开衰老,避开伤感,避开刑害,如何做得到呢?要让你的刀通过人间世界的空隙,而不会切割到肉,不会砍到骨头。通过牛体结构的空隙,如同中医的针灸,一针扎下去不痛不流血,那即是空隙,故中国医学是道家精神,讲无形的气脉;西方解剖学都是肉跟骨头。所以刀在牛体结构的空隙中通过,没有碰到骨头和筋肉,刀锋就不会伤损、不会卷曲,生命自我就不会受伤。我的刀锋没有厚度，而人间世界有空隙，既然是结构就一定有空隙，刀没有厚度便可进入任何空间。照相时五个人照不进去——每个人都摆正姿势当然照不进去，只要侧身成一条线就可照进十几个人；一条窄巷面对面通过不了，双方侧身就过了。侧身就变成一条线，就是无厚。人间世界路会走不通，因为大家大摇大摆谁都不退让，事实上一侧身双方就都可以通过，这叫解牛。

解牛是解开人间世界的结构，解开人间世界的冲突，解开人际关系的矛盾。你把自己看得太重要，把自己看得像天一样大，唯我独尊，才形成窄门瓶颈。反之，每个人都能放下执着，不把标准定在自己这里去评价别人，那就是齐物之论。自我修养在于让自己没有厚度，我的刀没有厚度，则人间世界到处都可以去，那就是逍遥游的无待而游。"道"就是让刀没有厚度；没有厚度则会觉得人间世界每一个地方都很宽阔，那就是"遥"；你的刀就"游刃有余"，就可以来去自如，那就是"游"。"有余"就是有余地，本来觉得路太窄了，世界太小了，庄子告诉我们只要你没有厚度，世界根本就很大，路也是无限的宽广，每一个人都可以通过，因为每个人都没有厚度，刀锋从来没有去切割到肉，也没有砍斫到骨头，他永远在人间世界的空隙中自在地游。

无我解开人间的复杂

没有厚度就是不认为自己是重要人物，不以自我为中心，如此人间世界就游刃有余。你那把刀，在看来很小的空间还可以自在挥舞，而且还有余地。人间的修养就是在瘫痪的台北街头仍然可以散心散步，在忙碌的工商社会仍拥有悠游的岁月。逃到山上、逃回乡村那不算本事，真正的修养要在台北。陶渊明说"结庐在人境，而无车马喧"，不是"结庐在深山，而无车马喧"，深山里一个人都没有当然无车马喧，在台北的闹区仍未感到闹市带来的嘈杂，那是人生修养给出的闲情。你要解开人间世界的复杂而保有自我的纯真，让世界回归单纯，这叫"解牛"。

"解牛"是解开人间世界，功夫在解开自家心里的千千结，谁来解开？当然是自己解，心里的监牢自己盖，心里的监牢自己拆，所以养生就在养心，心要"虚"要"无"，落实下来就是没有厚度。你没有厚度的话，人间世界到处都有空隙，世界会变得大起来，路会变得宽广起来，永远不会人挤人、车挤车，刀刃不会受损，不会伤到自己的心。受刑人一定是伤心人，养生重在无名，不让自己成了受刑的伤心人。

"刑"从"名"来的，名是心里面执着的名号，执着等同建造你的监牢。你想当董事长，你就一生关在董事长的监牢，当上了是已在监牢中，没有当上也在心里的监牢中。整天想天下董事长那么多，怎么没有我？看到人家当董事长就生闷气，更不服气。把自己的监牢拆掉，心结解开——结就是牢。心结解开了，监牢拆掉了，也就由逍而遥，到处可游了。齐物论更是同时拆掉天下每一个人心中的监牢。

　　自己受苦受难，看到别人好，会心里不平衡，所以我们给家人朋友最好的礼物就是让自己心理平衡，没有心结没有监牢，让亲人朋友每天活得很快乐自在，这是我们对亲情、友谊最大的回报。你每天忧愁给他看，"都是你害的！"是人我间最严重的伤痛。所以为什么我们老是受到自己家人的伤害，因为你每天看到父母，父母每天忧伤给你看，你就受不了；儿女每天悲苦给你看，你更受不了。怎么样才能得救，怎么样才能活得很好？就是大家一起得救。首先要从自己做起，要养"生主"，要养我们的心。把心里的监牢拆掉，把心里的复杂念头解消，名利不要，权势不要，不用成败论英雄，不以势利眼看别人，大家回归天真美好，整个世界得救，所有的家庭得救，那个时候人间就是天国，就是桃花源。道家式的桃花源是"心上种来心上开"，桃花是自己栽的，开花结果是在心里面，才叫桃花源，人间美好让人心花怒放，心花可以怒放，就是要在心田栽种。

拆掉心中的监牢

心那把刀刃没有厚度，想开一点就没有监牢了，人间就会开阔、宽广许多，每一个人都活得真实美好。每一个人逍遥游，那是因为每一个人都齐物论，没有分别心就齐物论了，彼此没有监牢，互相之间释放自己，也放开对方。先生用他的标准要求太太，会把太太禁闭；太太用她的标准要求先生，会把先生禁闭。双方各盖一个监牢把对方关进来，结婚成家变成"枷"，所以逃家变成合理化，因为婚姻变成刑，所以大家逃"枷"，逃开那个刑。婚姻一如"围城"，在外面的想攻进去，在里面的想打出来。所以婚姻也要"解牛"，解开婚姻的不好，解开以后，夫妻才可以在齐物论里面得到逍遥游，这才是夫妻的养生主，才是夫妻维护婚姻之道。不然的话，双方都有监牢，一方面禁闭自己，一方面把对方抓进去。朋友也一样，师生也一样。但愿我们都没有心结，心中没有监牢，人生自由无限，没有复杂而归于单纯。人生无限而社会单纯，无限就是到处可去、到处都很好，社会单纯就是没有人责怪他人，由复杂回归单纯，让有限转成无限。后者逍遥游，前者齐物论。养生在养心，心要"无知""无名"，生命就无刑，心中无监牢，生命无刑害，释放自己也释放别人，大家自由自在。所以养"生主"，心没有厚度，既可以齐物论，又可以逍遥游。

道家怎么解决"死生"问题？依道家的理解，人有死是因为有生，你心里面已经执着"生"，才会有"死"的伤痛问题，假定心里面连"生"都没有，"死"也就不存在。你想当院长，结果最终人选不是你，你才会伤感挫折；我不想当院长，结果是谁都跟我不相干。我什么都不要，世界上就没有什么可以打败我，因为我没有弱点；什么都想要的人，到处都是弱点，都是忌讳。所以道家说怎么样可以"不死"，答案在"不生"，"不生"所以"不死"，"无名"也就"无刑"。因为我们觉得死好像是无限的幽暗，因为没有人告诉我们死后怎么样，无穷的想象、无限的恐慌，死好像一个黑洞，把大家吸进去，却不知去了哪里。生死的执着分别是"名"，生死的执着分别所带来的压力伤痛是"刑"，所以只要你不执着"生"的话，就不会有"死"的阴影跟压力。不死之道在哪里？在"不生"，这是道家给出的解答。最简单的说法，有名有刑是倒悬，无名无刑则是悬解，有如瓜熟蒂落一般自然。

寓言之内涵说解

◎养生之道重在养心

台湾乡土早已摆脱竟日为讨生活而打拼的压力，渐有闲情余地论养生。不论打坐、练气功、太极导引或讲究生机饮食等，皆往健身的路上走。

实则，人有三个身份：一是自然物，二是社会人，三是人文心。养生之道，也应有三个层次的区分。《庄子·养生主》的主题解析有两大进路：一是"养生"之主，问的是养生之道的主要原则；二是养"生之主"，强调养生重在调养生命主体。前者之养生，仅是养形；后者之养生，则重在养心。二者统合，谓"养生"之主就在养"生之主"，较切合全文旨趣。

依庄子所云"可以保身，可以全生，可以养亲，可以尽年"。保身是保有自然形气的营养；全生是存全生命人格的教养；养亲是回归天道的人文涵养，正是老子所说的"贵食母"，在道的活水源头汲取生命的甘泉；而尽年则是三者的统贯。

故所谓的"养"，从自然物的层次来说是营养。今天民间街头所热衷寻求的养生，就停留在这一层次，而遗忘了社会人的教养与人文心的涵养。是以，人际关系未见改善，而心灵内涵依旧贫乏。

真正高档的营养品，不是各类的维生素，而是人跟人之间互发的光亮。亲情、友谊与道义的滋润温暖，可以全面支持人生志业的开创，且最高层次的养生，就在涵养心灵的情意与理想。最高的理想与最后的真情，会让我们的生命发光发热，有神采有魅力，且是亲和力与感染力。

养生之道，首重人文心的涵养，情意理想下贯在社会人的教养中，亲情伦理与友谊道义的修养实践，会让我们心安理得，且理直气壮，此当是自然物的最佳调养，虽粗茶淡饭，亦乐在其中。

孟子说："从其大体为大人，从其小体为小人。"大体是人文心的良知天理，小体则是自然物的形气物欲。以心知言，且以心养气，知言判定人间的是非，养气则担当人间的道义，充其极，生命的浩然之气，直与天地同流。

孔子说他自身"发愤忘食，乐以忘忧，不知老之将至云尔！"人生走在"下学而上达"的路上，上达天道的喜悦，取代了人世间的烦忧，"老"已离我们远去，这不就是养生之道的极致吗？

◎解牛之道在解自己

《庄子·养生主》有一则"庖丁解牛"的主题寓言，说庖丁在文惠君面前，做了一场"解牛"的功夫展示。依儒家"君子远庖厨"的价值取向，一个庖人可以在君王面前，演出血淋淋的宰牛过程，根本就是不敬，且不合常理。相信庖丁必是隐藏于人间的一代高人，他的解牛功夫已入艺术化境，故有如作品展，在君王面前做现场演出。

那似乎是一场独对君王的公演,庖丁以舞蹈的动作与音乐的节奏,在没有流血、没有痛苦的情境下,完成了"解牛"的任务。文惠君大为赞叹:"一个人的解牛功夫怎么可能到达如此高超的境地!"庖丁却做出澄清:"我一生所追寻的是道的体现,早已越过技艺的层次了!"

他现身说法,解析自己解牛的三段进程:一是目视,二是心知,三是神遇。肉眼看到的是牛的血肉形体,心眼看到的是牛的骨节架构,天眼看到的是牛的神韵风骨。目视停留在牛的物质性;心知落在实用价量,封闭了牛的性灵;神遇则释放了牛的精神风貌,而显现了牛本身的美感自在。

此段寓言,以解牛的刀刃,来比喻人物的精神自我,而牛体的障隔,比喻的是人间街头的纷扰。人生就是人物走上人间,牛体庞大且结构复杂,刀刃去切割会受损,去砍斫会断折,这正是人生路上承受挫折,且带来伤痛的症结所在。庄子说"解牛"而不说宰杀,"解牛"是顺任牛体的自然结构,只要刀刃没有厚度,总可以穿过且解开看似纠结,实则仍有空隙的骨节与筋肉交结之处。牛体如尘土飘落大地般解开了,有如人间名利与天下权势的缠结困局,也可以在无掉心知执着的自我解消中被解开一般。

其原理,就在"以无厚入有间",刀刃无厚,而彼节有间,那再窄小的空间,也可以游刃有余。庄子本来教导天下人去解开牛体，实则是解消自我，因为天下的复杂，来自人心的复杂，所谓"知也无涯"，心知执着太多，会以自我为中心且自我膨胀，人我之间才会由紧绷而决裂，假如人人让自身的刀刃无厚，则人间行走还是可以优游自得的。

放眼台湾岛内的各党团流派，一定要挥舞大刀，砍向这一生命共同体的有限资源吗？官商黑金可以合纵连横，抢席位地盘，也瓜分全民利益，既不避嫌又无顾忌了吗？此老子有云："民不畏威，则大威至。"当天下人民不再畏惧威权统治之时，来自民间、发自民心的沛然莫之能御的民意力量，是会激扬而起的。今天的台湾社会，已远离威权，却掉落在另一无法无天的失序乱象中。老子又云："信不足焉，有不信焉！"官方信不足，民间有不信，公信力崩解，公权力也就不立。可别忘了"解牛"之道就在解自己。

人间世——人世的难关

人间世界有如天罗地网,我们每一个人都被网罗困住,无所选择,
既然解不开也逃不掉,无所逃又不可解,就安了吧!
不讨厌自己,不跟别人比,通过人生这两大关卡,
你便释放了自己,同时也释放了他人,从自困自苦走向自在自得。

人生两大问题

《庄子》第四篇是《人间世》,"人间世"就是人跟人之间所发生的关系世界。按照我的理解,庄子诠释系统人生的处境是"心在形中",我们的心在《齐物论》说是真君,它落在一个形躯里面,从这里讲"吾生也有涯"。心可以为生命做主,《养

生主》说心是"生主",是生命的主体,养生之道在养"生之主"。形气会疲累、会病痛,而"心"却是空灵,无心无为,就可以无名无刑。养生之主在养"心"。

普天之下都是一样的心,能跟天地同在的心,可以说是道心,本来心没有差别,天底下每一个人的心,都是一样的灵动。千古下来的心,东西方的心,今人古人的心都一个样。但是这样的心落在每一个不同的身体里面,就有了分别心,有人我之间的差异性,那是心受到形体的局限。"吾生也有涯"不是光指人生百年的有限性,而且是指我只是我,就不可能是他人。这是人生第一个问题。

人生的第二个问题就是要活在人间世,不光是一个我,而是跟很多人在一起,就从这里说"知也无涯"。很多人在一起就会产生奔竞争逐,例如一个世界运动会,安排了多少比赛,给出多少金牌,各国代表队抢领先、争排名,这叫"知也无涯"。这是属于人跟人之间的,并列排比,互相较劲,互有领先。所以人我之间会发生很多事情,一起去做事,一起去读书,一起信仰,一起修行,这叫志同道合,有时候说性情相投。在《论语》说"共学适道",我们可以一起读书叫"共学",一起去追求真理叫"适道"。很多人在一起就构成关系世界,人跟人之间的关系世界,我跟爸爸的关系,我跟儿子的关系,我跟兄弟的关系,我跟姊妹的关系,还有先生跟太太的关系,老师跟学生的关系,形成整体的人际关系网,这叫人间世界。

"吾生也有涯",庄子在《人间世》告诉我们这叫"命也","知也无涯"就叫"义也"。吾生来自父母,庄子说是"子之爱亲,命也,不可解于心"。生是通过父母给的,父母生给我的是天生的命;而命是有限定的,叫"吾生也有涯",讲得最直白就是每个人一条命。算命是算我们的有限性在哪里,会有怎么样的遭遇,命最大的有限性,就是只能活一回,不能活两回。我只能活一百年,不可能活两百年,这叫命;我只能做我自己,不可能做别人,这也叫命;每天过自己的生活,每天做自己,叫命。但是有些人去算命是希望自己变成不是自己,看看有没有办法把自己算成别人,真是不可思议。什么叫命?"命"就是认我自己,爸爸妈妈生下我,就是我的命,人生最大的命就在爱生我的父母亲,因没有他们就没有我,我的命是从他们来的,所以我的爱直对父母,由此说"子之爱亲"是命。

解不开就不要解

天下儿女的心,总是爱他们的父母,"不可解于心",这样一份爱由心生发出来,而这样的心是不可解的,你的心永远忘不了你的父母，你永远解不开对父母的爱。庄子讲命不可解，既解不开那就不要解，就认了吧！每天好好在家当儿女就是我们的命，还要去算吗？任何人都有父母，只要有这个人，就有他的父母，所以儿女爱父母不会落空，你每天可以爱你的父母，就是人生最大的好命，好命在哪里？就是做人家的儿子，做人家的女儿。也许那个爱是蛮累人的，在道家的思考，爱是牵累，例如男女的情爱、夫妻的情爱，可是我们心甘情愿啊！因为你爱啊！有的人执着爱，而爱却在心里面纠结而乱成一团，结解不开，好苦好痛！人间情结可以解开，"子之爱亲"却解不开。

　　庄子告诉我们，对父母的爱就是命，那就不可解，也解不开。因为一解开，自己就流落天涯，而无家可归。什么关系都可以脱离，但亲子关系永远不能脱离，登报都没有用，因为你每天想的都是他。一生气就说不要这孩子了，那是做不到的，他没有回来，你就睡不着，只要他回家，你就觉得天下美好！我儿子念小学的时候，傍晚放学回来按电铃时，我觉得那电铃声好像庄子所讲的天籁，电铃声一响起，我立即开门迎接，背着他的书包一路护送他进卧室，问他口渴吗？今天是否受了委屈呢？功课还好吗？我随侍在侧，永远当快乐的"书童"。天籁呀！所以那是永远解不开的，既然解不开，就不要把它当作结，也不要把它当作负累。说"爱好累人喔！"这话不能讲，爱是人间最大的美好,你就是想解也解不开,这是与生俱来的命。

天生的命与人间的义

《人间世》说人间世界有两大关卡:"天下有大戒二:其一,命也;其一,义也。"我把大戒解为大关,很难通过,可是你一定要通过。人总要接受我自己这个人,很多人活了一辈子都还不喜欢自己,每天看自己就讨厌,觉得自己怎么那么差,每天都羡慕别人,想做别人。真正认命、知命的人,一定会说自己好好喔!当然也说别人好好喔!我们要活在自己的"好"里面,再欣赏别人的好,不要老说自己命不好。所以要通过"命"的关卡,一定要喜欢自己,一定要接受自己,虽然这关卡很难通过,但是你一定要通过!一定要认"命",不然的话"吾生"的"吾"就没有了。

第二个关卡就是要通过人间世这一关,庄子叫"义也"。"臣之事君,义也,无适而非君也,无所逃于天地之间。"这个"我"是父母生的,这叫命;你一生就是靠你的命,因没有我这个人,我的命就没有了,命运还不是你这个人的命去运转吗?倘若你这个人都没有了,怎么去运转呢?所以命运是我这个人去运转,这样的话,我才会把我一生转出来,运出去,这叫人生的"运途"。不一定爱拼才会赢,"运途"是用智慧、用爱心、用修养，就可以运转了，不能只靠身体的打拼，而是靠心的灵动。

所以第一个问题是我的命，第二个问题在我的诠释系统叫缘——人生缘会的缘。你一定会在街头走来走去，从这一个村落走到另一个村落，从这一个城市走到另一个城市，从这一个国家飞往另一个国家，这是人间发生的缘会。你一定会碰到不同的人物，发生不同的事情，这叫人生的缘会，缘会是你跟别人发生的。有命运、有缘会，天生是命，运是我自己的运转；缘是命跟命之间，我的命跟你的命碰在一起。两个命在一起，这叫相依为命，相依为命叫善缘；两个命碰在一起，还共同走一生，叫缘分。分可以定住缘，分就是情分，不是光你碰到我、我碰到你，这"碰到"太容易了，两个人碰到，相遇且能相合，还要有一生的情分。缘会要有情分才能定得住，才能长久。

一般说来，活得好不好，大部分是缘分决定。有没有碰到好的长官、好的同事、好的同学、好的朋友、好的先生、好的太太，都在影响我们一生的幸福。所以算命一定要算到缘，光算我自己，没什么好算的。青年朋友填志愿，看喜欢哪一科系就走哪一条路，这就叫好命，这很单纯。但是好命的人，条件很好的人，在人生旅途上并不一定能够碰到愿意接受你的人，或你可以接受的人，人跟人之间的关系是错综复杂的。其中还有缘会的问题。人间不是有怀才不遇吗？很多人有才华，为什么没有人看到呢？那个人没被你看到，就是你跟那个人没有缘分。

命要认，义要承担

庄子认为人活一辈子，最大的人际关系叫"家"，叫"国"。我们讲家国天下。人物是命，是在家生出来的，人间是缘，是在一个国度展开的；"命"是父子关系，"义"是君臣关系。儒家也说父子之亲与君臣之义，庄子也在同样的历史环境中，人间世界在战国时代就在一个国或列国间展开。我这个人是父母生的，我的命是在我的家中长成的；此外，活在一个国度里面，一个国与国的天下里面，你会跟很多不同身份与地位的人在一起，就算不喜欢他，你还是要面对他，找到一个彼此可以接受的模式，那就是合理的"义"。

"臣之事君，义也"，我们每一个人都是臣下，做臣下的要侍奉君上。在今天的理解相对容易，我们都要尊敬领导，认同国家。"事君"不一定要做一个很传统迂腐的解释。我们一定要信任各机关领导，不要逼问："他们为什么老是去打高尔夫球？"他们也是人，并不能因为当领导，就取消一些人生常规的日常活动。我们在家做人家的儿子，在国做人家的臣下；做中国的人民，就要遵守我们的法律，这叫"臣之事君，义也"。天经地义，我们遵守中国的宪法，那是当该的义理，讲道义就要在人生路上守住这个义，国家的轨道才可以运转得宜。大家不讲道义，说这个法律是官方定的，我不接受，或这是前人定的，我不接受，那整个中国的道义就给不出来。

国民守国家的法律，义也；市民尊重市长，义也；国民敬重国家的领导人，义也。国家认同，才会有归属感。"无适而非君"，不管你所往何处，都有君王。这导出一句话——你无所逃，你逃不掉。所以命是不可解的，义是无所逃的，你的爱是解不开的，你的责任是逃不掉的。我对父母的爱解不开，我对社会、国家的责任逃不掉。你一定有国籍，你一定要在人间某一个角落生根，那就是你的国，你逃来逃去，总是要在天地间某个地方定下来，你一定要落地，一定要生根，一定要传家，而这是无所逃于天地之间。天下两大关卡：一个是不可解，另一个是无所逃。人生总要通过两大关卡的考验。

爱不可解，义无所逃

简单一点说，人生两大关卡：第一是做人家儿女，第二是做人家先生或太太。养儿育女蛮辛苦的，先生、太太一辈子也蛮为难的，但这是你逃不掉的，你不能说你不要，你一定要通过，这是人生两大问题。对庄子来说，既然是不可解的，那就"不择地而安之"。不管身在何处，反正不可解也解不开，你不能选择一个好的地点、好的时辰,说:"爸妈!我现在可以尽孝道了,因为这是吉日良辰,这是观光景点。"不行!在任何处境都要尽孝道,不能看好日子、挑好地点,所以说"不择地而安之,孝之至也"。随时随地都要做人家的儿女,随时随地都要尽孝心。另外臣下对君上是"不择事而安之",做一个中国人的事,你不能选择,你不能在缴税时说我不是公民,使用社保时说我是公民,这没有选择的空间。公民的义务是当兵、缴税、守法……作为公民,既然逃不开,你就不要逃,任何事都要承担,"不择事而安之,忠之盛也",什么事情我们都认了,就把它扛起来。

因为"不择事而安之",不管任何事你都要安,并且一肩挑起,绝不逃避,这才是真正的"忠之盛"。你在"忠之盛"的时候,还很不满、老发牢骚,那就不算了。庄子讲要"安之","安之"是在心里面认定也接受,不会心不甘情不愿。发通知说中小学老师要缴税时,中小学老师很不高兴。这实在不可思议!因为我们跟小朋友讲缴税是公民的义务,而老师却不用。我们命都可以献给国家,怎么缴税会不能接受?我命都可以交出来,更不要说缴税了。

不择地、不择事,你总是安的。"知其不可奈何而安之若命。"我想我们爱父母的命,大家都比较可以接受,这是几千年的传统。我们的家庭观,是全世界最稳固的;我们的国有时候像一盘散沙，还好我们的家根深蒂固，在家族方面我们很强，但是对于国家的义是比较弱的。既然是无所逃，无可奈何、逃也逃不开，那就安"义"若命吧！把无所逃的"义"，当作不可解的"命"来安吧！

这人世间很复杂，这十字路口很复杂。你从永和、新店到台北要经过层层关卡，但你总是要到台北去上班、上学，常常挤在交通的高峰时段，一个钟头到不了，这是无可奈何的。既然无可奈何，就不要生气，不要让自己一路上心律不齐、消化不良。首先要有无可奈何的体认，你逃不开，总是要路过台北街头，且正值交通高峰期，既然无可奈何，你就"安"吧！像认命一样，你把台北街头就当自己这个人一样，自己这个人是不能换的、不能改的，你就是这个人，你就认命；同样也要认台北交通的命。你一样的"安"，把它看成台北人的命，实在是无可奈何。很多事情你从这边想，我们的职业不理想、工作不如意，但你就"安之"吧！反正无所逃等同不可解，就把它当作命吧！

此中最大的问题是，我们把婚姻当作命。婚姻是在人间社会遇合的，叫"义"；父子才是命，母女才是命。夫妻本来是"义"，说夫妻的情义，也说夫妻的情缘，情义、情缘都是通过情牵连在一起的"义"跟"缘"，但夫妻因为最亲近、最亲密，所以问题最多。"知其不可奈何而安之若命"，把它当作像我天生这个人，总会跟一个才气可以相互感应的人在一起，每一个人在人间总是要做人家的先生或太太，每一个人都要通过这一关，既然总要承担，就把它当作命一样认吧！不用每天不满、每天埋怨、每天责难、每天吵架，安之若命，这是解决问题的一个比较可以被接受的心理转换。

我们从整个《庄子》的系统讲下来，讲《人间世》，讲《养生主》，在这个地方你要"逍遥游"，在这个地方你要"齐物论"。你不齐物论的话，你会对自己的工作不满意；人间世界最大的压力，就是我们不如人家，为什么人家老是比我好？所以《庄子》第一篇讲《逍遥游》，第二篇讲《齐物论》，而第三篇《养生主》强调"吾生也有涯"，所以才要你"逍遥游"。像大鹏鸟在天上飞，飞出我们自己的精神世界，飞出我们的自然天地，不要被拘束在"有涯"里面，你可以往上飞扬，有一个突破。《人间世》告诉我们那是无可奈何，你要通过，又很难通过，难以通过就是大家天生不平等，而社会不公正，好人又不一定有好报，人间世界最大的难关就在此。所以我们要解消放下，不跟自己过不去。

生有涯要逍遥游，知无涯要齐物论

我们希望大家能自由地去开发前程，人我之间又可以平等对待，不要看不起别人，也不要觉得自己很差。官能的欲求很有限，一日三餐而已，你要那么多钱做什么？买两本书一个月都看不完，要那么多钱，只是为了跟人家比较。假定我们为了生活，并不需要那么多的钱，既然不用那么多钱，为什么要为没那么多钱而伤感？就像你总不会急着把外面的空气吸光吧！"赶快多吸几口，每一秒吸一次，赚回来。"何必呢？天地间到处都是空气，你不必到处猛吸空气。难得太阳出来，中午赶快去晒太阳，赶快把它晒光——晒光就是把别人的阳光都抢过来晒到我身上，不可能嘛！金钱跟空气一样，跟阳光一样，跟水分一样，你总不会跑到新店溪把水喝光，把所有的水汲回家。财富也一样，我们不需要抢尽天下的财富，藏在自己的家，那家就被财富挤爆了，人也被挤出来而没空间过家居生活了。

所以问题就出在你要跟别人比，谁比较有钱？谁名列排行榜？所以活在"人间世"你一定要"齐物论"。资本主义要"逍遥游"，社会主义要"齐物论"，道家两边都要。逍遥游是向上开发，齐物论是大家拉平；庄子让每一个人都能逍遥游，又可以齐物论。大家信自己的宗教，这叫逍遥游；大家各信各的，而信仰往上走，生命会往上提。但是各大教之间我们希望齐物论，有限的我要逍遥游，复杂的人间世界要齐物论。不然你怎么比都比不完，你面对兄弟姊妹就觉得妈妈不公平，为什么妹妹的脸庞生得比我漂亮？为什么哥哥的身材生得比我好看?"子之爱亲",还埋怨父母?人生怎么比都比不完。比不完那就不用比了,叫齐物论,这样就是安之,不择地不择事的安——不择就是不选择,不比了,随处都安,任何事都安。尽管有些事情的发生是无可奈何的,但是你可以把它当作天生的命一般地"安"!

解不开认了,逃不掉安吧

人物的命,可以把它扩大到人间的缘,我这个人是命,我做人家的先生也是命,做人家的太太也是命,做一个国家的国民也是命,缴税是命,服兵役也是命。这是无所逃的义理,没有地方逃,且又逃不掉,既无可奈何,你只好"安之若命"吧!"安"的时候你就不会苦了。

我是公教人员,每年要缴二十几万新台币的税,做生意的朋友都没有缴这么多的,显然彼此的收入和缴税是不成比例的,但我都安之若命。缴税是国民的义务,就不跟别人比了,不比了,就可以安;一路心安去缴税,一路心安回家,不会三两天睡不着觉,不会三百六十五天生气。既然无可奈何,你为什么还要让自己生气?所以道家用"化解",化解那个负担,化解那个不平。奉养父母也是个负担,人间行走也是个压力,考大学、考公务员会有压力,找工作也是个压力,道家要我们把负担转成担负，压力化为动力，如何做到？就要"不择地而安之""不择事而安之"。何以能安？因为我认了，人物的命我认了，认了就可以承担；人间的义不比了，也就可以重新出发。反正是不可解的，你为什么不认了？反正是逃不开的，你为什么还要比呢？所以我从来就不觉得做中国人是"第二等公民"，我不会这么想。何必一定要移民美国、加拿大去当"第一等国家"的公民？我在自己国家是第一等公民，我到美国、加拿大就变成是第三等。我们为什么要跟美国比呢？某一天我们也可能像美国，而且美国就比我们好吗？不比的话，大家都很好，全中国人都"安"了，天下儿女都"认"了。

在庄子的人间世界，做一个人是如此有限，但是你认了就不会被限定所苦。我认了，就不会讨厌自己。我身高一米六，以前我很在乎，忘了到几岁才认了，大概是讲"缘与命"的时段，说服自己要认了。我到处让人家看我的身高，还在乎什么？放下也就认了！我不比了，我就觉得当一个老师很好，当公教人员很好；我不比了，我就不觉得自己很清高——清高就是很高但是很清，清就是什么都没有，清贫生活简单，我不比也就自我满足。任何该做的事情，不用选择，我都能安。直接承担就是了，还要逃吗？反正逃也逃不掉，认了就好！安之若命，认了命你就安了，安了就没有负担，而可以担负，突然间你就像一只鸟飞起来——逍遥而游，没有压力之下就飞起来了，不是转为动力了吗？精神自在起飞，心灵在飞翔，你回头看人间每一个人，每一个人都很可亲、很可爱。

我们讨厌他是因为跟他比，他考试老是考到我前面，哪一天你不跟他比了，你会觉得他是一个很好的朋友。天底下很多好朋友都在竞争，每天都在比较，现在我不比了，就是好姊妹、好兄弟。不比了嘛！你才发现原来邻居那么可爱，走在路上看身边的人都很可爱；你不跟他比速度，他的车子硬切进来，就给他让空间，用欣赏的角度看他切进来，如同教练般轻松，不然你会生气。让人生改观，那时候可能引发的冲突及闷气就没有了。反正一个是不可解，一个是无所逃，不可解就认了，认了就可以逍遥而游，不比就如同齐物之论。放下自己，同时释放身边的每一个人。

《人间世》在讨论人间世界有如天罗地网的人际关系网，我们都活在一个人际关系的网罗里面，所以每一个人都被网住，无所选择，不择地、不择事就安了吧！因为解不开也逃不掉，无所逃又不可解，困在里面，你就不要选择、不要比、不要讨厌，也不会嫌弃，什么事也没有。不讨厌自己，第一大关通过了；不跟别人比，第二大关也通过了。人生从此幸福，每天逍遥游，凡事齐物论，你释放自己，同时也释放了亲人朋友，这是人生两大智慧。你不跟他比，你救了自己，也救了别人；你跟他比，伤害了自己，也压迫了别人。所以道家无掉心知的执着，一一破解了人世间的天罗地网；不讨厌自己，也不压迫亲友，就从自困自苦走向自在自得了。

现在来谈人间世界比较尖锐或说是"一级战区"的问题。像知识分子要怎么向国君进言，以救出国君底下正受苦受难的人民，而不会引来后遗症甚至灾难？否则那救人岂不是等同害人了吗？

救人是灾人

这段寓言说，颜回看到当时卫国的君王是一个暴君，所以颜回想去跟卫君进言，因为孔子教他要救人救世，颜回想要去救卫国的人民，他就要去跟卫国君王说话，希望卫国君王能为人民想，而不要年壮而行独。孔子就问他说："凭什么去呢？""老师教给我做人的道理，我就用老师教导我的去劝谏他啊！"孔子跟他说："你此去很难全身而退。"因儒家是大家派，孔子是大圣人，颜回是孔门大弟子，他要把老师说的大道理，去跟对方说"你错了，你应该改过来"。孔子说你去向别人发表宣言，把对方大骂一顿，倘若你还能回来，那是对方客气，也算你运气好。孔子认为像颜回那样去的话，等同扮演灾人的角色。"灾人"就是带去灾难的人，人家本来好好的，你一去就说他错了，说他的国家很差——就像美国到处说别的国家不上轨道,那美国就是"灾人"。孔子说像你这样的人就是"灾人",因为你认为自己是对的,你到别人那里说人家不对,那岂不是认为人家那里是灾区吗?贬人家是落后地区吗?判人家是错误的领导人吗?你这样的人叫"灾人"。说自己是对,说别人是错,好像自己是正义之师,既是当仁不让,又是义无反顾,实则我们是以灾人的姿态出现,因为你认为你是对的,你好名,你是孔门的大弟子。

这是寓言,是庄子在讲故事,不是真的史实。因为当时最有名的是孔子和颜回,所以借他们之口把道理说出来。颜回这个人其实很道家,他是儒家的大弟子,但其生活形态贴近道家,所以庄子最欣赏他,重要的大道理都通过颜回说出来。"一箪食,一瓢饮,在陋巷,人不堪其忧,回也不改其乐",他贴近道家素朴简单的生活;《论语》说孔子"饭疏食,饮水,曲肱而枕之,乐亦在其中矣"——我很喜欢这段描述,想象在乡土屋檐之下,孔子躺在一条长板凳上休息,师生生活形态如此神似。这种情节路过台东、花莲还可以看到,好像人间仙境。曾在台南古城看到几个老先生在赤崁楼的榕树下下棋、喝茶、聊天,那是人世间的美景,尤其在落日黄昏的时节,那就是孔子和颜回的境界。

颜回要去救人——儒门就是医门,"医门多疾",病人前来求诊,那我颜回是医门的大弟子,所以我一定要救人。孔子说你认定自己是对的,这是好名,"德荡乎名",执着名号会让你的本德流荡失真。本德天真,人我没有隔阂,人在没有武装时的对话有如童言童语;好名是心知执着名号,想跟天下人争高下,原来的天真就没有了。好名的人或好利的人,那就讨人厌。而自以为优越的人,在众人面前就认为高人一等,他选上"立委",他当上县长市长,立即端起架子;我不跟他来往,因为他不"齐物论",我怎么可能跟他"逍遥游",我还是自己"养生主"吧!

救人行动转成"益多"

所以一个人一好名,就会带来灾难。颜回自以为自己是对的,摆出要去救人的高姿态,这让颜回的天真可爱不见了。你的知识、你的学问去跟天下人争,去跟卫君争,你一去就把卫君给比下去了,他怎么受得了?他的臣下这么多,人民那么多,你说他没做好,不能成一位好君王,那你得罪他最大,所以他心里判定你这人是灾人。"灾人者,人必反灾之",你是带去灾难的人,人家为了平衡一定会把灾难还给你。所以我们在世界上,都在不知不觉中得罪人,你露出你的精彩,你表现比别人强,你就得罪人;你得罪人,他一定想尽办法"反灾之"。什么是带来灾难的人?只要跟你在一起他就输掉了,只要你出现他就没戏唱，你都是主角，他都不是，所以他一定不择手段反灾之。反灾之的方式大多不那么光明正大，如说闲话、打小报告或造谣等小动作，让你受不了，让你不愉快，这叫反灾之。这是第一个问题。

第二个问题是在灾人之外，你可能成为"益多"，什么叫益多？你本来是要说他不对，对不起卫国人民，你用你的知、用你的德去跟他比，说他错了；但他是一国之君，在他的朝廷，满朝文武都在向他高喊"威武"，这些都是出将入相的人物，你人单势孤，在气势上立即受挫，你一进去反而被震慑住了。

你有没有看过"荆轲刺秦王"？荆轲在等某个豪杰人物可以寄托重任、共图大事，但那个人一直还没现身；燕太子丹不相信他，逼他赶快去刺秦王。荆轲被迫带一个杀人不眨眼的江湖浪子秦舞阳共行。一进秦国的宫廷，秦舞阳两脚发抖，站都站不住，最终事态败露，刺杀秦王不成。豪杰将生命置之度外，可以不露声色而沉得住气；江湖好汉是不行的，面对整个宫廷气势，他立即就垮了。所以孔子告诉颜回，你第二个危机，本来是要去劝谏人家，跟对方说他不对，没想到反而被对方的权威气势压垮。他是当家的君王，你会转成"益多"——"益多"是高喊万岁，说卫君英明，歌功颂德反而加重灾情。就像你本来是代表队，要去把日本队打败，没想到一到日本反而变成人家的啦啦队,为对方鼓掌,完全垮掉!刚开始很多读书人都想去从政救人,都说我要去行仁政,经世济民,但是投入权力中心以后,他们就变成啦啦队,只要每天喊"万岁"两个字,就可以保住权位。你看多大的讽刺!庄子说"益多"就是"以水救水,以火救火",那边火够多了你还要把火加进去,火上浇油,以火救火火更大,以水救水水更多,泛滥成灾。所以第一个你是灾人,带去灾难的人,人家一定用灾难来回报你;第二个你被王宫朝廷的气势所压垮,反而成了"益多","益多"就是增益他的多,你反而变成他的啦啦队,加重扩大了灾情。光靠"我是对的"那是不能成事的——你是对的,别人就错了吗?

关键在"未达"

儒家说从"我是对的"出发,道家说不能靠自己的对。孔子说颜回"未达人心",也"未达人气",你想救人为什么反成灾人?因为你的心没有跟他的心贴近,假定进行劝说的时候,只要你很贴他的心,两颗心是一个,你就不会反成灾人。所以一定要讲悄悄话,讲贴心的话,要体贴,要亲切。心贴心叫达人心,达人心就是两个人的心贴成一个,你的心跟他的心同在,他就不会觉得你把他比下来,说你是带来灾难的人。所以夫妻是同命鸟，你跟先生说话的时候，代表所有的问题是两个人一起的，所以两个人一起来想怎么办才好，因这问题是夫妻俩一起的，这样太太说什么话，先生不会觉得太太是灾人；而在他的心之外说为他好，他感受不到你的好意，只要你说他不对，你就是灾人。他就此忘掉你以前的好，他一定会想办法，让你跟他一样不好，来为自己平反。所以就算是亲如夫妻、亲如父子，说什么也都得从对方的角度想。像我儿子物理考砸了，我就跟他坐下来说："我们来想想看，这一回我们为什么会考砸了？"一定要说"我们"，不可以说"你为什么给我考这么差？爸爸的面子在哪里？"不能这么说，父子心贴心，检讨为什么"我们"考坏了，在什么地方不懂，要怎么样能懂。父子贴心，他会觉得很温暖。他考不好已经很难过，很害怕爸爸把他骂一顿；结果后来发现不是，原来爸爸认为儿子的事就是我们两个的事，爸爸关心也支持鼓舞，我们要把物理学好！未达人心，爸爸说任何好话都成了灾人；达人心就不是灾人，因为你的心贴近他的心。你的心在他的心之外，你所讲的好话都是坏话；你的心在他的心之内，你讲反省的话就不会是灾难。人生就是这么简单。

第二是"未达人气"。达人气是两个人的生命是感通的，我们讲相生相克，相生就是气质相应。两个人为什么叫好朋友？他还没说话你就懂了，这是"莫逆于心"，我们叫默契，不必说就已经契合了；不求合就合了叫冥合，没有说什么就合了。两个生命在一起彼此间就自然生出感应，自然感应就不必"益"他的多。有时候感染力要靠心灵的感通，不是要靠人生智慧解决人间世界的问题吗？那是心神的达，"达"就是可以交会，跟对方合成一体。达人心是你的心跟他的心同在，达人气是你的气跟他的气同行；心同在，气同行，心感气应不会见外，不用自我保护，更不会相互猜忌。好是两个人一起的好，难题是两个人一起面对承担。

颜回提了好几个可能的应变措施，老师说不行他就换一个，又不行再换一个，孔子仍说不行！问题不在哪一套比较好，也不是有多少套的问题，问题是你一直在他的外面。你有越多套，他越烦，不论哪一套都是要把他比下去，不管哪一套你都是要带来灾难的人，所以不是有没有好几套的问题——我有没有学问？我能不能应变？我有没有智慧？我有没有才气？问题不在这里；而是你有没有跟他心贴心，有没有跟他的气感应，贴心跟感应是要成为一体的。"灾人"或"益多"都是因为你在他的外面，你有多少套都没有用，你有越多套越压迫他；你在他的外面，就是跟他比，把他比下去。你只有一个办法，就是跟他"同体流行"，你要跟他"一气之化"，你的气跟他的气是感应的，互相感应，互相带动，那就不会益多，也不会成为灾人！

"心斋"是心中无股价,手中有股票

庄子告诉我们要做心斋的功夫,心要斋戒——不是吃斋受戒,庄子说"天下之大戒二",又说"心斋",斋也讲戒,合称斋戒。宗教上讲斋戒,但是心斋是在心做功夫。庄子说:"无听之以耳,而听之以心;无听之以心,而听之以气。"又说:"听止于耳,心止于符,气也者,虚而待物者也。"他要颜回做"心斋"这功夫,做这功夫可避开"灾人"之身份,或者转成"益多"的危机,不然就陷入非此则彼的两难,不是"灾人",就是"益多"。虚而待物,"无"了自己,重心落在对方的身上,既达人心,又达人气,"无听之以心"就可以达人心,"而听之以气"就达人气。无了我自身的心,就可达对方的心,无了我自身的气,就可达对方的气,与他的心同在,也与他的气同行,你跟他一体同行,就不会成了"灾人",或反成"益多",这样就可以救人了。

他说不要用你的耳朵听,用耳朵听就是道听途说,随传言起舞。台湾的股票市场,明牌满天飞,庄子告诉我们,你要心中无股价,就是心斋。这太精彩了!因为心中无股价,就算手中有股票,也不会担惊受怕。一个心中无股价的人,才可以手中有股票,这样你就可以不择价而安之。股价本来就起落不定,怎么能保证"价"每天都稳定,那还叫市场吗?那叫保险公司,世界哪里有这种保险公司!有的话一定赔钱。所以要"无听之以耳",因为听到的外面现象都靠不住,你看马路消息每天都在转,这佛教说是缘起,耳朵接触的声音在流转中,传言蛊惑人心,用耳朵听就会随外流转,所以不要用耳朵听,要用心听。这样的话你就由外而内,内是内心,外是外物。而外物在流转变化中,你听它也不能安,听了等于没有听,只有每天跟着它跑,你的生命一定不安。用心听,你回到内心,你开始有自我,有自己的世界,不光是社会变动的排行榜,而是有自己的内在世界。你开始由外而内,因为外太复杂,变化太多;内是比较宁静,比较单纯。外的话,会让我们分心,我们精神会散落;用心的话,你会专注,而且会凝聚,人的精神要凝聚于内不要散开于外,静坐心思就凝聚,整个生命、整个精神就坐定在这个地方。

第二段的功夫是不要用"心"去听,一用心去听你会记得,心会知,"知"就是执着,所以不要用你的心去听,而用你的"气"去听。这太难懂了!用心听是有心,现在是听之以气,是无心,连心都空掉,这叫空灵。你用"什么都没有"去听,"什么都没有"会转成"什么都有","什么都有"是生命之气被释放了,而回归自在自得。这是道家"有生于无"的终极智慧。"听之以心",是心知禁闭生命之气,"无听之以心",是心知释放了生命之气,而"听之以气"是被释放的气,可以融入天地之一气，游手天地之一气。

"虚而待物"就是"有生于无"

你不要看它"无"，但是一切"有"从它来，你的灵感、你的创意、你的点子、你的理念通过它来，所以不要用心听，要用气听。本来原文是"听止于耳"，显然是前后颠倒，我们把它换转过来，当是"耳止于听"，"止"是充其量的官能作用，在听闻外在的声音。心呢？心是止于符，心会起执着，充其量的功能作用在责求外面的现象要符合心知的标准。第一关是"听之以耳"，第二关是"听之以心"，第三关则是"听之以气"。而"气也者，虚而待物者也"，气本是流动的气，本质上是虚，故"听之以气"是"虚而待物"。"待"本是对待，问题在主体的"心"虚了自己，就不是主客相对，而是超越在"物"之上，"心"超越的观照"物"——"照"是照现，而照现是生成，"待物"是生成万物，依然是"有生于无"的道家智慧。

我们活在台北的街头，活在台湾的社会，台湾的生态环保是"自然物"的问题，台湾的交通、法律是"社会人"的问题，而这些问题都空前复杂，而且会形成我们的负担；但是你不能说我不理它就算了，我从人间跳开就好，为什么还要读《人间世》，本人拒绝人间就好了。但是你逃到坪林还是在人间，你到兰屿隐居依然在人间。现在不是说我要不要逃的问题,是如何对待它的问题。你不能逃出来,它告诉你"无所逃于天地之间",你逃不开这个的,整个地球是一个命运共同体,我们只有一个地球,你逃不开的。此外,我们逃不开人类的政治,阿拉伯的危机就是全世界的危机,我们跟两边都没有什么恩怨心结,但是我们也在危机之中,因为它是全球性的,逃也逃不掉。你不能说我把对世界的爱心关怀解开,就没有压力了,反正我不爱世界就不会有烦恼,那反倒会有更大的烦恼,心中没有爱,生命顿成空白。

你看到电视新闻还是会伤感,有人受饥饿、战乱之苦,你还是会痛心,所以你不能说那我们逃掉吧!做一个人在心里面不能解开,做一个人在人间不能逃开,你又不能解开,又不能逃开,就得"待物"。问题是怎样的"待"才不会有那么多的烦恼?怎样的"待"才不会转成"灾人"跟"益多"?你可能难以想象,我听到钓鱼岛的消息,第一个反应是半夜游泳去把灯塔炸掉,你看几十岁的人还想十几岁的念头。这话我不敢对青年朋友说,万一老师没有做成,他们去做,那就严重了!所以这个地方用什么去"待"就很关键。

不把别人判死

人生的悲剧要不就是自己牺牲掉,要不就是变成别人的啦啦队。所以如何"待物"？要有智慧，要做"心斋"的修养功夫。用什么来待物？用虚、用气，气就是虚，那虚有什么好？当我"虚"了以后，我把自己"无"了以后，气就可以感应。本来自己的形体，对心灵而言是一个限制，是即"吾生也有涯"；感官也是一个限制，譬如听力有限，会听错或听不到，眼力也一样，会看错或看不到；更严重的是我们的心会起执着，执着的可怕在把标准定在自己，且责求别人合乎自己的标准，如此等同把别人判死。他打心坎里面拒绝你，认为你不行，而你平反无门；人间做儿子最大的悲哀就是爸爸妈妈把他判死，觉得他这个人无可救药；学生最大的伤感就是老师把他判死，老师拒绝你，不要你这个学生！这很可怕！心有时候是上帝，有时候是魔鬼，爱一个人时是上帝，讨厌一个人时是魔鬼，人的心会变成魔鬼，你会记恨别人，不给对方机会，永远把他判死，所以心知是一个灾难。

　　庄子要我们无心，这个无心会把危机解除，我无心我的心就可以达人心。我的心跟他的心为什么不能达？因为我的心跟他的心是心心相对，不是心心相印，心心相互对立，相"对"而立就不能"达"，因为你永远在他的外面。你无心之后就可以跟他同在同行；你有心的话，就永远在他的外面。他发表一套宣言，你也发表一套宣言，他有他的宗教信仰，你也有你的宗教信仰，所以两个人的心就这样对立僵持，叫未达人心；我忘了我的宗教信仰，我就可以融入对方的宗教信仰，这叫达人心。达人心就不会是灾人，不会在不同教派间互相成为灾人。妈妈要拜土地公，你不要说她迷信，因为她是妈妈，妈妈要拜天公我就拜，因为我是她的儿子，所以她拜什么我就拜，我毫无坚持，我无心就达人心，我跟妈妈的心就贴在一起了；假如我很有心，那我的心就在她的心之外，就会成为"灾人"，因为我的心执着我的对，把她比下去了。

庄子从"无听之以心"，来规定"听之以气"，所以听之以气就是无心，无心的人就跟别人有感应。我们跟别人无感应，那就是你的心拒人于千里之外，你故意跟他冷漠疏离，你在他的外面，那你们两个人的气就不能感应。所以我虚了以后，我无心之后，我的气就可以感应了，这就是达人气，达人气就不会转为"益多"了。所以是如何"待物"的问题，而不是要逃避或解开，我把它解开，把心有千千结解开；我逃开，我不要世界，我不要感情，世界让我复杂，而感情带给我烦恼，什么都不要了。那可不行！因为会一无所有！

以"无"的修养生出"有"的美好

用虚待物，《养生主》也讲"无厚入有间"。人间世界像一头牛，人要过一生就像解牛，牛体有很多筋骨交结的地方，你那把刀很难通过，但又非通过不可，那你怎么办？牛体的结构总会有空隙，让你这把刀没有厚度，就可以解开牛体骨肉相连的地方。你无厚，而它有间，有间是有空隙，人间的关系世界看起来像一头牛的结构，筋骨交结很难通过，那是因为我有心。你有心、有气，很难通过，我现在没有了，我这把刀没有厚度，任何地方都可以通过，刀一通过，牛体就解开了，解开就是"虚而待物者也"！"虚"是不择地、不择事都安，问题在自己要没有厚度，让你生命之刀没有厚度，让你精神之刀没有厚度。人际关系的很多心结，工商业社会的很多困结，只要你无心，没有厚度是可以解开通过的，这叫"虚而待物者也"！

　　虚而待物，这个"物"，不光是自然物，还有社会人，你一虚就可以达，达就是"同体流行""一气之化"，彼此体贴，相互感应。大家体贴，大家感应，这叫"善缘"；夫妻、同事、朋友的体贴、感应是善缘。达是贴合同体，不在外面，没有压力，也没有负担，随时可以安，任何事情都可以安；所以尽管人活在人间世界，但没有人间世界的烦恼，没有人间世界的苦痛，没有人间世界的复杂，没有人间世界的负累。

　　问题是你要心斋，从用耳朵听，进到用心听；再从用心听，进到连心都放开，用无心听。无心就是虚，就释放"气"。气的虚如同道的无，虚无就是"无"了自己，没有自己的立场，没有自己的观点。因为我们的心会起执着，会去批判别人,去抗拒别人,现在我把这个心"无"掉了,先生没有主观的心,马上看到太太,太太没有主观的心,马上欣赏先生;先生有自己的心,就看太太不顺眼,太太有自己的心,就感应不了先生的气。心放不下,气也感应不到,气的感应要靠心的放下,所以要无心,以"虚"来待物。心一虚,而气得到释放。

"待"物等于"生"物,看起来好像我对他,事实上不是,你跟他在一起,两个人一起"生",什么叫好夫妻?一起"生";什么叫好朋友?一起"生"。所谓一起"生"就是一起逍遥游,一起齐物论,良人加上佳人,有如神仙般自在,这样的"待",不是"对"待的意思,是"生成"的意思。最好的人际关系是"生"他,爸爸"生"儿子,老师"生"学生,这个最容易了解,但是有没有想到长官"生"部属,朋友"生"朋友,先生"生"太太,太太"生"先生,因为你看到他的好,照现全新的他,不是"生"他吗?所以"虚而待物"是"虚而生物"的意思,而且"生"是从"救"说,我们"生"他等于是救他,宗教要救人,也要"生"人。哲学讲到最高也是要"生"人,又要救人,先生以"无"的智慧去救太太,太太以"无"的修养去救先生,互相看到对方,互相欣赏对方,那样就达人心、达人气。所以人间世界看起来是人跟人构成的关系世界,好像充满了误解跟冲突,有时会由对抗走向决裂,倘若通过心的修行,"无"掉执着与造作,你就没有负担、没有压力,避开对抗、避开决裂,反而能够"达",心也达,气也达。心的达叫体贴,气的达叫感应。大家没有自己,大家"生"对方,我没有自己,把你"生"出来,你没有自己,也把我"生"出来,这样可以说是活生生的社会,活生生的人间世。

寓言之内涵说解

◎神木无用

《庄子·人间世》有一段寓言,工匠头子带领众弟子上山物色木材,看到一棵神社的栎树,树荫可以遮蔽几千头的牛,树干有百人合围那么大,且有越过山头十仞那么高,可以用来做扁舟的树枝以十作单位来计数。这棵树引来大量游客围观,周围有如闹市。唯独工匠头子一往前行,没有回头看;众弟子大开眼界,看得不亦乐乎!众弟子快步赶上来,不解请教:"自从追随师父以来,从未看到过如此美材大树,师父却看都不看,脚步不做停留,到底是为了什么?"师父答道:"那是棵没用的散木,做船会沉,做棺木会腐朽,做梁柱会生蠹虫,就因为它无所可用,才会如此高寿!"

未料夜晚,栎树即前来托梦抗议:"你难道要我做棵引来世俗伤害自己的甜美果树吗?果实成熟时,树枝就被拉扯断折,都是自家材用引来的苦难;而且长久以来,我内敛涵藏,让自己显得无用,才得以避开柴刀斧头的伤害,倘若我一路走来,老凸显美材器用,我还能长得如此之大吗?我看你老兄才是没用的散人,怎么能了解我这棵修来的散木呢?"

工匠头子隔天醒来,跟众弟子解梦,弟子问说:"它既然隐藏自身,往无用修行,为什么还不甘寂寞,寄身神社呢?"师父急忙回答:"通通给我闭嘴。人家是寄身神社,让不了解的人来诟骂自己罢了,就算不寄身神社,难道就会被砍伐吗?"

原来神木的无用,不是现状的描述,而是修养的功夫。"无"当动词用,"无"掉世俗的用,才得以成全神圣的用;"无"掉人为的用,才得以回归自然的用;"无"掉人间流行的用,才得以保有自家理想的用。"无"用之用,才是生命本身的大用。

德充符——天生的桎梏

"德"充于内,再符应于外,这样在与人相处时才不会出问题。
显发我们的心灵,保有天真,让我们的心更大,可以包容别人。
所以每一个人要"善刀而藏之",把自己的锋锐收起来,
不会因为自身的精彩亮丽,而迫使别人黯然神伤。

做人是"命",做国民是"义"

　　《庄子》第五篇是《德充符》,顺承前一篇《人间世》而来。人间世界有两个大戒,指两大关卡,我们要过关而不被卡住。《德充符》的"符"是"符应"之意。古时的兵符被剖成两半,"将在外,君令有所不受",若君王有所指令,但路途遥

远,要如何确认指令来自君王?只能以君王持有的一半兵符及边将持有的一半兵符对看,两个符合方能确认。就如同我们讲的契合,契合来自契约,两边各持有一半,双方的约定要两契相合,签约也要双方盖章,各持一份,依约而行,这就叫契合或符应。

人生的两个大问题,其一就是"我"自己的问题,另一个是我跟别人的问题。每个人都有心也有形,每个人都是人物,只要是人就有人心,"一受其成形",人心就落在每个人的物中。但这个世界不只是一个"我",而是有很多"我",于是除了"我"的问题,还有我跟社会、跟世界、跟天下人的问题。人生就是"我"的心落在"我"的物;大家都是人物,但每个人都不同,这就是命,这么多不同的人要在一起生活,这叫缘。在人世间,我对自己是否满意,我如何对自己,这是我自己的问题,但我们往往给自己很多难题,跟自己过不去,给自己压力,不喜欢自己,老是喜欢别人。

再谈第二个问题,是我跟别人在一起的问题。天下很多人在一起会互相比较,"我"实在是活得还不错,但一比较之下就觉得自己很差,这叫相形失色。在《人间世》,我自己的问题,庄子称之为"命"也;我跟天下人的问题,庄子称之为"义"也。"命"是不可解,而"义"是无所逃。"无所逃"就是我们活在天地之间,一定要面对人间的义。作为一个人,一定是父母的儿女，一定爱父母，故子之爱亲是命，"命"是父子关系。我们除了为人子女之外，在人间世是社会的一分子，总说是人家的臣下，所以"义"是君臣关系。"君"在今日的解释可以是国家，我们没有人可以逃离中国，这是"义"，我们逃不掉的，不管到了哪里，也一样心系祖国乡土，这叫无所逃。

所以说，人生两大问题：其一是我是人，其二是我是天下人。我们是以人的身份活在这个世界上，我们不是花草树木、山河大地、鸟兽虫鱼；人活在世上，要有人的身段，要有美感；站在人间世界，要挺立自我，要有尊严，因为人是万物之灵。"我"是一个人，这是"命"的问题；"我"是天下人，"我"是以人的身份活在社会上，而我们要把"人"活出来，活得有尊严、有荣耀，这就是"义"的问题。

不仅是专"家"，且是"教"化

我之前到日本，回来之后的几天里，夜晚梦里仿佛还在日本，这是我从来不曾有过的。同一年稍早我从其他地方回来，就没有这种压力，也没有这种触动；去了韩国两次，也没有这种感觉——日本、韩国，我都只停留一周。我并不是喜欢日本，而是承受着某种压力：我们和日本一样是东方文化，一样是儒家文化,一样是老庄,一样是禅宗,日本人一样研究宋朝朱子学、明朝阳明学、清朝实学,溯自幕府时代到还政于天皇,日本儒学老是跟着我们走,但为什么日本做得比我们好?日本教授问我:"王教授,你对日本的观感如何?"他们习惯于优越,他们喜欢世界第一。我平淡地回了一句:"很好啊!"我的意思是我玩得很好,我才不愿在日本说你们比我们强;但是,在回国的路程上,我颇觉感伤,为什么人家比我们做得好?这又是无所逃于天地之间。

到日本是参加日本全国道家年会,我被邀请去做主题演讲。一是人对人演讲,二是华人对日本人演讲。我讲得让他们似懂非懂,用意是希望他们了解中华文化的学问不是那么容易就懂的,这样他们才会心存敬意;而我在国内演讲,就要让台下的听众听懂,这是立场问题。但是我们要承认一点,人家确实做得比我们好。我们讲道家,他们讲道教,我们讲儒家,他们讲儒教。"家"是学者研究的学问,"教"是化成每个人的教化,日本超过我们是因为他们是"教",这是我在日本最大的发现。在日本,儒家不是思想而是生活,每一家的先生、太太、儿女都讲教养,而我们的儒家却是在大学、研究所里讲的学问。"家"没有转化成"教",就好像专讲理论而没有用心去实践、去应用,这样一来,生命力发不出来。要寻找台湾的生命力,往何处找呢?儒家、道家的思想是发动者,但要经过"教",才能跟整个社会、家庭结合,跟每个公司、工厂结合,如此才会把原来的哲学、思想,消化而为智慧。通过"教"而化为力量,这就叫教化。故宗教的"教"当该是教化的意思。

心很大,物很小

这一趟日本行,让我感触良多。一到日本我就相当强烈地感觉到国家认同;在台湾并不觉得,因为台湾都是自己的同胞,没什么好比的,我不认为自己比别人差,我也不想把别人比下去。人间来也人间去,实在是没什么分别,我们只要用关怀的眼神看身边的人就好;我们可以很安心,这是我们的乡土、我们的国度。

但是我们一离开国门,到另外一个国度,我们就不只是一个人,而是一个外国人,不论对方说什么都要通过翻译。所以我此次停留日本期间,一直有个学生(连清吉教授)陪在身边,我演讲时用中文,而他立即翻为日语,这是人跟人之间的交会问题。刚才提到人的两个问题:一个是我们天生是人家的儿女,我们一生爱我们的父母,这个是命,是与生俱来就决定的,"子之爱亲,命也,不可解于心",这是解不开的。

另一个问题是"我"是人,且跟很多人在一起,跟天下人在一起，这叫人间，人间就是人跟人之间。所以，我们永远被提醒人是万物之灵，这是人的尊严，人的价值感。第一个问题：人是有心人；第二个问题：我们是人物。由心来说，我们有好大的心，我们的爱心无穷，愿望无穷，我们的心大到可以把全世界放在心里；我们眼睛闭起来想地球，全地球就在我们的思想、心灵里显现。所以，我们的心大到可以包容整个宇宙。但是，我们不要忘记，我们只是"我"，人的"心"很大，但人的"物"很小。我们要知道人是有"物"的人，所以人应该要谦虚。人有"物"的话，就会有物欲，人的"物"是代表人的有限性。因此庄子要我们"乘物以游心"，就"物"的有限，而活出"心"的无限。

无限的心落在有限的物，这叫"吾生也有涯"。"有涯"指的是物，所以我们了解到，作为一个人物，我们要谦卑。各色人等，各行各业，各方面的人才，"八方风雨会中州"，这个世界是个人文荟萃之地，每个人才从每个家庭出来，从每个学校出来，从社会的每个角落出来；这当然很值得欣赏，而且值得尊敬，但竞争也很激烈，这就是人间的复杂。所以庄子要我们"托不得已以养中"，"中"是冲虚，寄身在复杂的人间世，你又不能让它的变动停下来，只好修养自己的"心"，"心"灵虚静，人世间就不会那么复杂了。

德充于内而符应于外

讲《德充符》重点要放在哪里？以我自己来讲，要求德充于内，不要往"物"欲与形气发展，否则会气人、伤人。我们的心愈大，愈可以包容人我的不同与竞争，人际关系愈好，这叫德充于内。我们都由两部分组成，一个是心，一个是形；心是德，形是气，我们要往心的德发展，不要往形的气发展。德充于内，德的天真让自己虚静的心照现出来，不要让形气物欲一直冒出来。这是人生修养的问题，修养就是让心出来，不要让气出来。才气要尽量涵藏，在道家来说，才气要内敛，因为才气太强太盛的话，会压迫别人。你考一百分，人家考五十分，那你就得罪了那个考五十分的同学。我们千万不要认为自己比别人好是天纵英明，还存有优越感，看不起别人。人生道理正好相反，我们抢别人的光彩要深感抱歉。

就道家来说，才气不要太凸显，才气是命，天生不同。你才高气盛代表你天生命好而已，你并没有比别人高贵；虽然我只考五十分，但我比较有爱心，你考一百分，但你很骄傲，这有什么好！所以，人间要用德来比赛，而不是才情气魄。物形是指外貌的美丑，相命是看形相、论外表，谁长得好看，谁就命好。但这是天生决定，用不着比。才气也是天生的，有的人头脑很好，数学看一下就会，有的人算了好几回还不会。我们就不要在这方面比,应该在德行方面来比,就叫德充于内。让德性显发出来,开发我们的心灵,让我们的心更大,包容别人,而让我们的才气内敛涵藏。才气就像一把名剑,会发出剑气。一个很有才气的人,就好像把剑拔出来亮相,把别人的才气、形象比下去,这样的人会流露剑一般的锐气,发出剑气压迫别人。所以每一个人要"善刀而藏之",把自己的锋锐收起来,把自己的才气、形象的精彩亮丽,尽量地收敛,这样才不会神采飞扬或气势昂扬,而迫使别人黯然神伤。

每个人都有心也有物,我们跟许多人在一起,彼此面对要互相谅解。老师会发脾气,父母也会生气,最好的朋友会斗气,先生、太太间也会互相赌气;人生就是这个样子,我们毕竟不是天使,我们是人物,我们的形物中有生命之气,故人物比人气,既然是气,总是会露出来,我们需要互相包容与同情。人生在世,我们一定要对我们的朋友及家人有份同情之心,以佛家语来说即为慈悲。人是心与物碰在一起,心要去同情、谅解及包容物;我们方才提到人生的修养是要把气修掉,心的宽容就可以养出来,这个心就是德充于内。德充于内,天真无心跟人相处,就可以符应于外,而没有隔阂。

这不只是悲悯、同情,还可讲一步去欣赏。譬如我们看到婴孩可爱,是看到他的天真、他的眼神;我们觉得某人很温暖,给我们安全感,这一切都是通过他的形物给出的印象。故符应于外的是形气相互契合,而彼此感应是达人气;情投意合,志同道合,可以达人心。故我们尽量"德"充于内,再符应于外,这样在与人相处时,不仅不出问题,而且会有美感。很多人活在这个世界,心相符,气相契;符是符应,契是契合,既达人心,又达人气。

人的成长历程,在道家看来,是往外漂流沉落的过程,长大成人的代价是失落了童年的天真。何以会失落?心执着,气造作,心不符,气不应,走向奔竞争逐。所以德充于内,意谓不流落于外,而保有天生本真。越是天真的人,越可以符应于外,孩童扮家家酒,可以两小无猜,一体无间,没有猜疑,没有嫌弃,没有势利眼,没有英雄气,人与人相处就可以契合符应了。

活在神射手的靶心里

《德充符》里好几段寓言,寄寓的道理在内敛涵藏的修养。寓言的主角都是形体残缺的人物,他们德充于内就可以符应于外,赢得大家的尊敬。在兵凶战危的乱世,在人心险恶的人间,人要如何存全自己,且跟每个人和谐地活在一起?首先是对抗权贵的申徒嘉。申徒嘉是个兀者,兀者是少了一只脚的人——肢体残缺是道家修养功夫的象征。"上德不德",是不以德为德,把德化掉,反而有人格的魅力,所以说"是以有德"。有德是德充于内,有德的人才可以符应于外。庄子要破解以相论命的观念,人生不是比形象、比才情,不是比谁长得青春、美丽,谁长得英俊、潇洒。若是比青春貌美,则人生很可悲。因为人生最好的阶段在十五岁到二十五岁,真正青春、亮丽、英挺、潇洒,只有这十年。前面是童少天真,二十五岁以后,人生就像盛开的花朵逐渐枯萎,最美好的日子过去就没了,问题在人生到了年老还要活出自在美好。

故事里的主角都是肢体残缺的人,所以庄子要以故事告诉我们,人生的价值不在"形",而在"心",在"德"。申徒嘉是兀者,跟郑国子产是同学,他们的老师叫伯昏无人。"伯"是指年纪大,"昏"是指没分别,"无人"是说他在人间不凸显自己,没有比谁高比谁强,故名"伯昏无人"。有一回,子产跟申徒嘉说:"以后可不可以我坐的时候,你不要随着我坐,我走的时候,你不要跟着我走。怎么你老是跟我同进同出呢?"子产是政治家,官居相位,他会这样说,代表他看不起人。所以申徒嘉就很感伤地说:"原本人家都瞧不起我,到了老师的门下,我才知道我不必羞愧,因为老师从来不让我觉得我残缺,他一直把我当作是健全的人;没想到你我同学,你怎么用老师不愿用来看我的那一套来看我呢?那你还算是老师的门下吗?"子产听了深感惭愧,赶快跟他道歉。整个故事就此简单结束。

申徒嘉为何少了一只脚？在这里，申徒嘉讲出"人生每个人都活在羿之彀中"的话。羿是神射手，彀是靶心，我们每个人都活在靶心里，又面对百发百中神射手的射击，那等同活在必中之地——"中央者，中地也"——一定会被射中，一定非死即伤，这是人生的存在处境。人活在世界上，或者炒房地产、飙股票惨赔输掉，或者创业的机运落于人后，或者身世背景比不上别人。各个领域皆带出比较，就让我们承受多重的伤害。我们很难摆脱名跟利的牵引，这是来自人性的弱点。人家比我们有名，我们就被射中，因为名气输人，排行榜也输人；人家比我们有才情，我们输给他；人家比我们长相好，我们也输给他。这些都是挫折，造就许多伤心人。活在人间的必中之地，来解释人生的处境，这是"知不可奈何"，而受伤却是必然的，逃不掉。

通过伯昏无人的教导，申徒嘉能安之若命，把人生的无可奈何，当作是天生的命。我相信申徒嘉少了那只脚是被砍掉的，或在政争中被砍掉，或在冤案里被砍掉，走在街头就是必中之地，受伤的人做错了什么吗？都会夜生活当然是必中之地，更遑论官商界线不明，黑白两道混而不分，世界如此错综复杂，这就叫"中央者，中地也"。我们要求治安与交通要上轨道、要有理序是有道理的，不然台湾社会会变成申徒嘉所说的"羿之彀中"——酒驾吸毒出车祸，流弹街头伤人，恶徒抢劫勒索,连小朋友都不放过,这算什么社会?我们真的活在神射手的靶心里,一定会被射中。故申徒嘉只能无奈接受种种不幸,安之若命,就好像他天生本来就少了一条腿。

子产多了一条腿

申徒嘉好不容易忘掉形体的残缺,没想到子产的一番话,又把他已放下的残缺,给逼了回来,让申徒嘉感伤不已。同样是伯昏无人的弟子,申徒嘉能忘掉自身形体的不全,而子产是个政治权贵,他就不愿意跟申徒嘉同进同出,同起同坐,反而讽刺申徒嘉不要忘了自己是个残缺的人。故申徒嘉说:"然而不中者,命也。"申徒嘉的语气含有批判的意味,不被射中的人活像多了一条腿,算他命大。因为少一只脚才正常,他反问子产阁下为何多出了一条腿?是付出怎么样的代价才会多了那一条腿?这样的反问相当犀利。为什么我们要符应于外?因为一者不会让自己受伤而少掉了一条腿,二者也不会反过来问别人怎么会多了一条腿。

道家的反省就是先告诉我们,人间世界是会伤人的,因为每个人都在射箭,射箭即恶性竞争,故名利圈权力场的奔竞争逐,就是必中之地。自古以来会有多人选择隐居,从十字街头逃出来,逃回乡土田园,就因"中央者,中地也"——是万箭齐射,人人都会受伤的地方。有哪个人没被射中,算他运气。人间社会太多的伤心人,德不充于内而形之于外,形于外就是跟别人比,恃才傲物像剑气一样,剑气散发锋锐之气,剑气弥漫极具杀伤力。每个人都形于外,无异于刀剑在街头乱舞,就是《齐物论》所说"与物相刃相靡",亲人朋友同学同事,互相把对方砍倒。

我手上戴的表是去中山科学院演讲时人家送我的礼物,我觉得很好很素朴,一个价值二百五十元新台币;人家二十万的表叫满天星,就是形之于外、耀武扬威。凡是把自己最精彩亮丽的方面如家里很有钱、爸爸很有名、自己才能杰出等,展现于外,就等于在射箭;箭一射出,身边人人受伤。不说别的,太太忙着做家事,先生在客厅听歌,那就得罪了太太;太太会认为我这么忙,你却那么有情调,她认为最好是陪她一起忙。假定是我的话,我会赶快到书房读书跟写文章,因为我也在工作,这样太太心情会比较好一点。所以一个人的欢喜或得意,就像射箭般也会伤到别人。你在高歌,也许别人正处在感伤的时刻,此时的你就如同神射手,不要忘记你的家人、你的朋友就在靶心中,想逃都逃不掉。家庭也是必中之地,夫妻处不好,父子处不好,两性两代一起受伤;这个社会,工作团队互相射箭,政治团体互相杀伤,各党团之间也是如此。所以庄子要说"中央者,中地也"。人为万物之灵,为何要让人间社会成为战场呢？

在伯昏无人的眼中不会看到申徒嘉少一条腿，而郑子产偏要让申徒嘉忘不了他少了一条腿，是残缺的人。于是申徒嘉反过来问，郑子产你何以会多出一条腿？庄子对人生的思考很深入，很隐微，他对千古以来所有受苦受难的人给出同情。到处是中地，这人间世没有一个人不受伤，安之若命吧！就当作妈妈生我时少了一条腿，把在人间世所受的伤，当作妈妈生我时本来就如此，就安了吧！故德形于外，就是在射箭，就发出剑气，会让我们的朋友、家人受伤，会让他们觉得自己不完整，或者有少一条腿的感受；就算原来健全的人，也会在被比下去时，自觉生命残缺。

有些人没有商业头脑，故没有投资房地产及炒作股票，所以这些人就变成输家，输家就等于少一条腿，总觉得输给那些房地产大亨及股票大户，总觉得他们什么都有，而我们什么都没有。德充于内就是不形之于外，因为形之于外，就是射箭，一定会有人受伤。符应于外就不会有比较心，也不会患得患失，没有挫折，也不会有少了一条腿的残缺感。

天生的枷锁无须解开

我们再看叔山无趾的故事。叔山可能是指他出生的地方，他没有脚趾,庄子没说他是天生如此,还是被砍断的。他踵见仲尼——人有脚趾的话,可以脚步轻盈、快步前进,他没有脚趾,以脚踵走路去见仲尼。孔子看见叔山无趾的窘状,就说了:"你看,你一定是自己不小心,不然怎么会这样子?你现在来不是太晚了吗?"语气充满了悲悯。孔子是圣人,他仿佛在告诉叔山无趾,若你早一点来看我,或许就不会受此伤痛。叔山无趾无奈地回答:"我以前不识时务,不晓得人间这么复杂,过于率性冲了出去,因而失去脚趾。但是我今天来,是用比我的脚趾还尊贵的心来看你,你怎么还通过我脚趾的残缺来看我呢?"他显然对孔子很不满,他不远千里以脚踵走路来见孔子,是因为他觉得孔子是有修养有智慧的人,他自己也是懂得人间艰苦的人,他希望能得到孔子的教导,抚慰他受伤的生命;没料到孔子却仍以脚趾的残缺来衡量他,他心中感到不平而抗议。他说他把孔子看作天地,而天地可以包容每个人,没想到孔子的门没有为他而开,孔子反而挡在门口问他为何失去脚趾。

　　孔子听到了他的怨怒难平,赶忙道歉。实则孔子只是同情不舍;但是对一个被砍掉脚趾的人来说,会觉得今天是以德的身份来,孔子当该看到他的"心",怎么孔子还在看他的脚趾?所以他难过而严重抗议。孔子说自己失言,因孔子不知道他多年修行已是有道之士,以为他是刚在人间受伤的人,所以给出一种悲悯；但实际上叔山无趾尽管脚趾被砍断，他修行有成，已经忘掉他的脚趾，他只想找一个很有修养的人，去做心灵的对话。没想到他修养了这么多年去看孔子，孔子一眼就看到他残缺的脚，怎么不叫他伤感？孔子感慨地告诉众弟子："叔山无趾一个受伤的人都在修补他的德，何况我们呢？"

叔山无趾拂袖而去，转而去看老聃："孔子这个人不行，我去拜访他，结果他还在看我的脚趾。"老聃就说："那好啊，那我们是不是一起来救孔子呢？孔子似乎还有'可不可'的分别，还有'死生'的界线，我们让他把'可不可'及'死生'的执着放开吧？"整个情势突然变了，本来叔山无趾是要去投靠孔子，因为他以为孔子像天地，可以包容他；没想到一见面，孔子就问他："你怎么会失去了脚趾？"他觉得没得到孔子的肯定，转而寻求老聃的支持，并进而质问道："孔子修行还没到家吧，怎么名气会那么大？"老聃说："好，那我们一起来救他吧！"叔山无趾回了一句话："恐怕不行吧！天刑之，安可解？"孔子是儒家，因为我们在人间就是在"可"跟"不可"中奋斗，儒家要救人就是把人从"死"地救回"生"路；道家则是把死、生看破，把可、不可看开，就不必有人间的对抗决裂。儒家在人间奋斗，故孔子要周游列国，要教化人间；在道家来看，说孔子个人是"天刑之"，仿佛他天生背负救人的十字架,儒家要救人是儒家的刑,是天加在儒者身上的桎梏。在老聃说"我们来救孔子"的邀请之下,无趾顿时有一番生命的体悟,所以无趾说这是老天加给孔子的使命,而使命如同桎梏、枷锁。

外王是天刑又何须解

我从日本回来的另一个感触是,日本的知识分子不大背负天下的十字架,他们只是认真做学问,包括大学教授也是如此。不像台湾的教授,每个人都怀抱治国平天下的重任,这是相当特别的文化传统。所以"天刑之,安可解",这句话可以用在所有过去的读书人身上,因为每个人都志在天下,都以天下为己任。自古以来,"士志于道",读书人一定怀抱治国平天下的使命,一定背负人间的责任;这一传统最让我感动。把天下的责任放在自己的肩膀上,我个人觉得这一点是台湾生命力的源头。希望读书人不要光讲一些批评的话或不满的话,当然,批评、不满的话也意味着政治社会没有看重知识分子的学术专业,没有礼贤下士,所以他们才会对政府不满。譬如当年那些走上街头的人,现在都在"国会",把他们的智慧与专长引进"政府"的运作中,要不然他每天在街头走来走去,我们会受不了;让他们在"国会"讲话,可变成正面建设的力量,因为知识分子都关心社会、关心天下。这就是叔山无趾所谓的"天刑之，安可解"。

本来叔山无趾是要寻求孔子的肯定，可是他发现孔子未能忘掉他是个少掉脚趾的人，于是转而投向老子。老聃说："对！我们去救他。"反而逼出叔山无趾对孔子的尊敬与肯定："不必救了，人家本来就是这样的人。"庄子行文很精彩，奇峰突起，经过几个转折、迂回，又回来了。本来他就崇拜孔子这个人，孔子天生就是要救人的，所以使命感的"刑"，被自己解消，等同没有；"安可解"是怎么解得开，也不必解。这个天生的刑怎么解得开？譬如"子之爱亲"是解不开的命，"不可解于心"，"安可解"等同不可解，也就不必解了。譬如当老师的很自然地关心学生，当父母的很自然地疼爱子女，这都是"安可解"，也解不开。天下父母心，天生就要背负儿女的十字架，父母疼儿女不再是"刑"，而是人间的美好，天下父母心甘情愿，于是背负的十字架就不再沉重。所以看起来像"刑"，实质上被爱的美好取代，不可解也就不必解了。这篇寓言，转折里藏有很深的义理，发人深省，一方面对人间同情，讲人生的苦难，另一方面又对那些救人的人给予无比的尊重跟评价，通过叔山无趾及孔子的对话充分地透显出来。

德不形于外才可以保有天真

再看哀骀它。哀骀它是卫国一恶人,"它"是驼背之意,"恶人"是长得很"丑"的意思。但所有的男士跟他相处后都不想离开他;所有的女子看到他都想嫁给他,甚至请求父母:"与其嫁为人妻,不如当他的妾。"而且这样的人要用"十"作单位来计算。神妙的是,从来没有听他说什么大道理,他每天只是和而不唱,对方怎么"唱",他就怎么"和",他没倡导什么大道理,只是应和。鲁哀公听到他的大名,好奇而召见他。喔!果然名不虚传,长得很难看,这叫"以恶骇天下",他的丑会让天下人吓坏了,但是为什么他会同时吸引天下的男男女女呢?鲁哀公跟他做朋友,一年以后就很想请他当宰相,结果他没正面回应,没说好也没说不好;鲁哀公觉得是不是请他当宰相太对不起他,就很有气度地说那你来当君王好了,结果那个人就走了。那个人到底是怎么样的人,怎么会有这样的魅力,让君王信任且愿意把君位让给他?鲁哀公请教孔子:"他到底是怎么样的人?"孔子给出一个道理说:"这个人才全而德不形。"所谓《德充符》,主要的理论就是"才全而德不形"。"才"是"草木始生",说的是人的天生本真。

一般人都是"才"不全,因为我们的童心、天真、浪漫、想象力都没有了。为什么孩子才会扮家家酒,大人就扮不起来？人间的问题太多，是否就是因为我们失落了浪漫的情怀与天真的心境？使得这个世界每个人都像是在射箭，而每个人都被射中。孔子解释什么叫才全。人生的问题：死生、存亡、寒暑、贤不肖，这是命之行；穷达、饥渴、毁誉、贫富，这是事之变。一个是气命的流行，一个是人事的变迁，前者是天生的自然，后者就是人为的造作。人生在世，气命的流行，不可解，人事的变迁，无所逃，这两大难关每一个人要面对，也都要通过。庄子说："唯有德者能之。"有德者，就是无心天真的人，德不形于外，不引发对抗，反而可以保住天真，那就是"才全而德不形"。原来，德不形于外的人，才可以保住自己的天真。

生命的季节永远是春天

不要让贤不肖、死生、穷达、毁誉干扰我们的灵府。这些价值二分每天都出现在我们生命的周遭，人事在变迁，气命在流行，我们所能做的仅是"不可入于灵府"，就是不要让这些变迁流行来干扰我们的心。每天我们还是要去面对经济是否景气、股票涨不涨的问题，虽然很多人不买股票，但是我们全部落在台湾的经济圈，台湾经济不好，我们就不好，所以不买股票的人也要面对股票涨跌的问题，但不要让这些干扰我们的心。心不受干扰时，就可以保持"虚"的状态，从而保有心的灵动。否则的话，心就被贤不肖、毁誉、死生、穷达、贫富的执着二分塞满，就会承受很多的压力，面对很多的内在冲突。只要是在人间做人，就会有这些人事变迁的问题存在。

但是我们要做的是不要让这些成为我们的心理负担，心就会比较平静。心虚则能和，"和豫通"，"通"乃流通之意，"豫"是愉悦，即忘掉作为一个人的烦恼，消解人跟人之间的冲突；无名就无刑，心就可以回到冲虚的状态。这个"虚"看起来什么都没有，而任何美好的"有"又是从它而来，我们称之为虚灵。心之所以"灵"，因为它是虚的。心的虚灵就可以维持和谐，尽管每天都有问题存在，但每天都可以很平静、很愉悦地面对，且跟别人都能处得来，那是因为我们保持天真的心境、童年的烂漫。尽管我们要面对做人的艰苦，面对人间的困顿，但是仍能保有童年时扮家家酒那样的心情，平静且充满愉悦，跟别人可以生命流通，这就是所谓的"才全"。

人间逃不开这个问题，面对人事变迁的复杂，气命流行的限定，做人真是充满困扰，但是我们不要把艰苦及复杂带到我们的心，使它们成为生命的负累。人会老是因为我们心也老，"其形化，其心与之然"，心随形的化而化，年岁老去，心也跟着老去。心若能保持虚灵,虚灵则可以平静而和谐。心平静则不论何时都会有笑容,每个人都会很喜欢跟你在一起,因为他们都能感受到你的喜悦,也会觉得生命可以流通欢畅。人生千万不要让苦在我们的眼神显现,一定要想法子把苦化掉,否则的话,我们自己受不了,且"才"也保不住,天真烂漫就消失了。每天显现得很悲苦,连我们的家人朋友都受不了,没有人可以一直在苦中活下去,事实上苦中也可以活出乐来。

别把自己的心赔进去

孔子有言:"乐以忘忧。"人生谁不忧?但我们要在忧中也可以活出乐来。谁没有责任?谁不艰苦?我们有责任、有艰苦,但请不要说别人对不起我们,每天都把悲伤、痛苦展现给亲人朋友看,仿佛在执行一种制裁,有时自己很受伤也把别人逼走了。如何让自己"和豫通"?不让那些艰难困苦进入我们的心中,心才不会背负那么沉重的压力和那样受不了的苦痛。保持喜悦和谐的心,生命就能跟万物流通。

"与物为春",与物相处每天都是春天,在生命的季节里没有冬天,春天充满了生机、情趣跟活力,要如何做到跟物在一起都像是春天一般的气象呢?"是接而生时乎心者也","接"

是与物接,"生时乎心"是与物接的时刻,我们的心生出春天来。纵使在寒冷的季节,只要我们的心有阳光,人间就会变得很温暖。为什么要让我们的生命冻结冰封、下雪降霜呢?保有天真的"才全",由人生的修养来,是我们做人的责任。在人间活下去,要面对种种问题,不要让艰苦、困顿进入我们的心,如此心才能虚静、空灵,跟别人在一起每天都是春天,每个时刻心都充满了生机情趣。人生愈苦愈要讲幽默的话,孩子读书很苦,大人经营事业很苦,身已经够苦,心怎么可以再苦进去呢?所以一定要互相扶持,乐观以对。爸爸可以跟儿子说:"我们快乐一点,考试很快就过去。"面对不景气,我们也要有信心终会熬过去。人家不一定赏识我们,那无所谓,人生谁不面对这个问题?至少我们要投自己一票,给一个愉悦的心境,不要连心都赔进去。

不凸显自己反而吸引更多的人

"才全"而"德不形",心平静如水,就如同"水停之盛";"内保之而外不荡也",我们保有内心的平静,不会被外在的名利所牵引,这叫德不形。心如止水,要像水般平静,不会被外在之做人艰苦而人间复杂所动摇,内保有平静的心境而外不随人间百态社会万象而摆荡。德不形就是不把自己的美好形之于外,不要让自己的光彩露出来,如此才不会伤人。"德不形者,物不能离也。"为什么哀骀它有惊人的吸引力?因为他是个德不形的人,每个人都不能离开他——每个人在人间奔竞争逐,好像什么都没有,一到哀骀它身边,就会发现自己本来什么都有。一个在学校是后进生、在社会是挫败者、不论在哪个场合都是失意落魄的人,在哀骀它身边的话,哀骀它不用名利、才气来看人,所以每个人都会觉得自己完整无缺,每个人都喜欢跟他在一起。德不形的人没有比较心,不会把别人比下去,他们跟其他人在一起会觉得自己残缺,跟哀骀它在一起会觉得自己很完整,故"德不形者,物不能离也"。符应于外,则物不能离,我们喜欢跟德不形的人在一起,因为跟他在一起我们才能找回自己。"德充于内,不形之于外",才能跟外面符应契合,对方喜欢跟我们在一起,因为跟我们在一起他会觉得自己很完整,觉得自己什么都有。

这个社会上一定有某些甘草人物、某些领导人物,很多人喜欢跟着他,和他在一起,因为在他那里能受到肯定、受到赏识。德不形就是不把别人比下去,即不射箭的人会让每一个人觉得他是"才全"。"才全"是在人间的惊涛骇浪中、世事沧桑中,仍能保全天真的心境。千万不要因为输给人家,在社会上不得意,就让自己的心失去平静,失掉了天真。这样一来人活在人间世,那两大关卡就把我们卡住了,我们要想法子过关，保有天真，不失童心，且带给身边的人愉悦及美好，这叫德充符。

《人间世》告诉我们关卡在哪里，《德充符》告诉我们如何过关。在人间世是人比人的，但是我不去比较，我让自己德不形，所以反而吸引了很多人，使他们愿意跟我走在一起。我天生的真可以保全，我跟别人相处可以很投缘、很相契、很符应，这样一来，本来我的命不好，但是我可以保全自己的真就没有不好；本来人际关系复杂，这是压力，但我们把它转换为互相欣赏，大家做知心朋友，这样生命的季节永远是春天。所以，道家并不是消极，只是希望我们面对自己作为"人"的问题，面对活在"人间"的问题，要如何去转化，把"不好"转"好"，"才"可以保全，"德"不要形于外，不要压迫别人，我们可以成为别人最好的朋友。《德充符》就是要告诉我们如何让自己是个真人，也让我们跟亲人朋友相处的每一天都是春天。

寓言之内涵说解

◎谁能救孔子

《庄子·德充符》有一则"叔山无趾，踵见仲尼"的寓言故事。由于"道隐无名"，道家人物皆"自隐无名为务"，这一位来自叔山而脚趾被砍掉的人物，以脚踵走路，前来求见仲尼。他或许是想为自己平反，盼望自己的涵养能得到孔子的肯定，以抚平内心的伤痛吧！

　　两人一照面，孔子就充满悲悯且无限惋惜地说："你不够谨慎小心，一定是犯了在位者的忌讳，才会被砍掉脚趾的吧！即使你今天辛苦来见我，不是已来不及挽回了吗？"这本来是发自孔子内心的悲情痛感，正是儒者的本色。而对期求孔子重新给出评价的无趾来说，无疑是伤痛重现，故他抗声说："我昔日因不知淡泊自处，而把自身推上名利追逐的尖端，就此失去了我的脚趾。不过，我此番前来，是以多年沉潜而有，远比脚趾尊贵的天生本德来见你。上天没有不遮覆的，大地没有不承载的，我以夫子为天地，怎么夫子仍以世俗的眼光来责难我呢！"

　　无趾的无奈在于，我历经多年的修行，难得把伤痕抚平，而以全新的面貌前来跟孔子会面。未料，孔子的同情话语，反而把多年前的难堪给逼回现前。我已忘怀了，你怎么可以又把我看回来！那岂不是无所逃于天地之间了吗？

　　孔子听闻无趾的怨责，立即道歉："这是我的浅陋。请先生进门，说说你的心得感受吧！"无趾拒绝，就此离去。孔子当机指点，告诫门弟子说："大家要修德讲学，无趾失去脚趾，犹勤行不辍，何况诸位形全的人呢！"

天下虽大，在儒圣孔子之外，无趾可以去投靠求教的，也只有道君老聃了。无趾见老聃，劈口说道："我看孔子的德行，距离至人的境界还很远吧！他怎么老要跟你相提并论呢！他名气那么大，声望那么高，难道他还不知声名对至人人格来说，是自家生命的枷锁吗？"

老聃呼应答道："那我们来救他吧！何不消解他对死生与是非的执着跟分别呢！这样不就可以解开他心灵的桎梏吗？"

情势至此，堪称奇峰突起。无趾是天涯伤心人，受不了孔子的疼惜，转而寻求老聃的声援，而老聃是一代宗师，看无趾对孔子的不满之情溢于言表，故意说出激切的话语——既然你判定孔子如此之差，那我们一起来救他吧！此果真逼出了无趾的大彻大悟，意味深长地说了一句："天刑之，安可解！"

孔子直道而行的一生，是任重道远的大担当，或许这就是生命的桎梏；不过这是与生俱来老天赋予的使命感，解不开也无须解啊！

"谁能救孔子"，无趾有此一悟，当下得救，立即解脱，抚平了他一生的生命伤痛。

庄子真是大文豪大哲人，这段寓言将孔丘、老聃与无趾同时推上智慧的高峰，且以无趾为桥梁，让儒道两家有一精彩绝伦的和解。或许这样，孔丘、老聃在我们文化长流中，才能千古同步吧！

◎你怎会多了一只脚

人生是人物走在人间,在出入进退之间,内心要有一把衡量是非的尺度,而守住人我互动的分寸。不论成败得失,尽其在我,而各凭造化,别夹杂英雄气或挫败感于其间。不然的话,得意狂傲之气,会伤了天下人的心;而挫折懊悔之情,则成了自家的痛。

《庄子·德充符》有一则寓言,说郑子产与一位被砍断一只脚名叫申徒嘉的人,同拜在伯昏无人的门下,一起受教修习。

有一天,郑子产刻意要跟申徒嘉划清界限,说道:"请你暂坐片刻,我先离开;或者你要先走,那我暂做停留!"反正拒绝两人同进同出。未料,隔天申徒嘉像没事人般,依然故我,仍与执政(子产)平起平坐。这回,子产声色俱厉地声明:"我不是让你做出选择的吗?你先走我暂停,或者我先走你稍坐;可以请你坐下稍等吗?……你这个人看到执政,一点也不知避开,难道你跟执政分量等同吗?"

申徒嘉回应说:"老师的门下,也有像你这样傲慢的掌权者吗?阁下未免太高估自己的权位,而看不起天下人了吧!……你既然前来老师门下求取智慧,还说出这般无礼的话语,不觉得自己太过分了吗?"子产反击说:"你不看看自己到底成什么样子,被砍断一只脚,还大言不惭,尽说跟尧舜比高下的话，我看你根本欠缺自我反省的能力！"

两人话已说僵，同学之情已然不存。申徒嘉只好回归人生的存在困境，做普遍性的省思，而说出适度的责难话语："身处乱世，犹如置身在神射手后羿的靶心间，而那是必中之地；倘若有哪一个人可以幸免于难，那算他命大！吾人立身当世，承受人间政治权势的迫害，那是无可奈何的事，既然逃不开，也就把它当作'命'来认了吧！想我一路走来，受尽人间鄙夷的眼光，到老师门下，我才把积存心头的悲愤怨怼放了下来。我追随老师十九年了，他的眼神中从未显现我少了一只脚的身影；怎么阁下跟我同窗多年，却不知我的内在世界，而只从我的外表来评价我呢？你不觉得自身肤浅而欠缺深度吗？"子产毕竟是一代贤人，当下深感不安，立即悔过道歉："先生请不要再说了！"

子产虽贤，但大权在握日久，官场习气缠身，而以势利眼看待同学。申徒嘉被砍断一只脚，不论何等缘由，总是生命的大挫折。假如人人都逃离不了名利权势的网罗与伤害，那么就会逼显申徒嘉深藏心中不忍说出的一句话：不是我少了一只脚，是阁下多出了一只脚！

吾人面对台面上诸多意气风发而睥睨当世的大人物，还是要为一生郁卒的申徒嘉，问一句他心里最想说的话：老兄！你怎么会比我们多了一只脚！

大宗师——真人的修行

将逍遥游由下而上的升越，与齐物论由上而下的观照，
统合而成一个圆，天人契合为一，就是"大宗师"。
人无心无知无为，不执着造作就是"真人"，
真人以天为宗，以道为师，
把"知"养到"不知"，体现天道的生命人格之大。

天人的契合为一

　　《庄子》第六篇《大宗师》，即"宗大道以为师"，宗是宗主，师是老师，即以大道为老师。另一解释是既以"道"为师，就会去体现天道，所以"体现天道的人格之大"是为大宗

师。为什么有两个解释？因为庄子在此篇中讲"真人",讲如何做"真人"。真人的人格是"大","大"又从何而来？因为他以宗主为师,可以作为万物宗主的是天道,即以天道为师,而体现天道的生命人格之大,这样的真人人格就称之为"大宗师"。

"大宗师"是庄子思想的第三纲维,追寻的是天人契合为一的理想境界。"逍遥游"和"齐物论",一个是往上升越,一个是往下观照,由人间飞往天上,再由天上照现人间,一上一下间共成一个圆。大宗师就是要在天上人间画成一个圆。一个是由人间往天上升越,一个是由天上往人间落实,人要升越到天的层次,却不想停留在天的层次,还要回到人间,每一步的人间步调都是向天上走,而每一步调都是为了回过头来支持人间；上下间正好画个圆,天人契合为一。

"养生主"要我们养"心",且要在"人间世"养,在"人间世"养很难,逃到深山古刹比较容易,面壁十年比在台北街头修养容易。"养生"之主要在养"心",人间世是一种考验,要做心斋功夫,虚以待物；要德充于内,而符应于外,是为"德充符"。天真本德充实于内,无心天真自然符应于外,这叫"才全而德不形",你的德内敛涵藏,不会形之于外去压迫别人。别老是摆出理直气壮的姿态,而显现自家的德行,会给人压力而引发反感,甚至抗拒。德充于内,不要形之于外，可与万物两相符应，不会太凸显自家的美德，而把别人比下去。

德不形于外就不会伤人

道家讲"不德"，就是有德者自己不觉得有德，把德化掉。隐者是隐姓埋名，为什么要隐姓埋名？因为姓名本身就代表一生的光彩，隐者是要把光彩隐藏。儒家说让我们做一个好人；道家说让我们把好人的好涵藏，就像一把剑，把剑拔出来就会发光，剑气弥漫，现在我们把剑收在剑鞘里，就是隐者。把光彩隐藏的人，才是真正大有光彩的人，所以德充符是有道行的人，但要内敛涵藏，把精彩度收藏起来，不要让它显露出来。

不把自己的光彩显露出来的人，才比较有亲和力。在《德充符》里，庄子告诉我们，很多残障、默默无闻的人最有人格魅力，大家比较喜欢到他家去，因为在人间大家老是被比下去，到了他家，大家完全不比了！他家的客厅就好像一个开阔无垠的天地，可以让生命得到安顿。上班输给人家，挤车输给人家，残障人物不显自己的精彩，每一个去他家的人都觉得自己还算幸运！如果今天不考试，不发考卷，不宣布谁第几名，学生的感觉就特别好，成绩落后的同学觉得学校像天堂，因为今天没排名,没被处罚;假如有排名,被比下去,他就觉得学校像地狱,他老是最后一名,就算老师不打人,还是受不了垫底的屈辱。

所以把德行排名完全解消,就可以符应于外,人我之间生命直接相应,彼此没有隔阂,因为没有排名,没有比较。一个好的聚会,总要有好的主人,让来的人都得到肯定与重视。我劝每一个中小学老师,在上课时让每一个小朋友觉得你关心他,你看到他,不要只跟考前三名的小朋友说话,对家里有钱或有权势的小朋友特别关怀,那你就会伤很多学生的心。养生主就在人间世的大戒中,养我们的心,心做斋戒的功夫,就可以消除无边的压力。德充符,德不形于外,不以德为德,把德解消,放下自己的德,就可以担负外交使命,可以到千里之外的国度去救人。所以做一个政治人物亟须心灵的修养。

自己的美德要隐藏起来,因为德展现出来会压迫人。你说全公司我最认真,这话多伤人?说今天只有我扫地,你伤了其他四十九个同学。你当然有德,而且德充于内,因为你每天扫地,你最认真了,但不要显现于外,炫耀于外。相反,要把自己的德忘记,你就会跟每一个人都相处得很融洽。所以越不凸显自己优点的人,会拥有友朋间最多的好感;永远把自己的优越凸显出来的人,最后会没有朋友。人家为什么要每天跟你在一起?他每天当啦啦队,而你一直做老大,老当主导的角色，这样人家受得了吗？

究天人之际，通古今之变

"大宗师"就是把"逍遥游"由下而上的提升，跟"齐物论"由上而下的观照，统合而成一个圆，这样天人契合为一。这就是宗大道以为师，也是体现天道的生命人格之大。我们讲《庄子》，都把各篇大意连贯起来说。《大宗师》讲天人关系，就是司马迁所谓的"究天人之际"——是最高也是最后的学问，"通古今之变"——是最长久的学问。长久在历史上是几千年的，所以说通古今；一个人的学问可以通贯古今就是通人。"成一家之言"的"一家"是思想家、文学家、艺术家的家，也是儒家、道家、佛家的家，各大宗教在传统的说法中也可当作诸子百家中的一家。而"成一家之言"，指涉的是一家的思想体系，这一家是有代表性的一家，等于显耀的学派；代表时代的思想家，就是"成一家之言"的一家。成一家不只是代表一个时代，还要"通古今之变"，且不仅是通贯几千年，还要上达天道，这就是"究天人之际"。

哲学宗教都是"究天人之际"，人要往天的路上走，"究天人之际"是哲学，"通古今之变"是史学，"成一家之言"是文学，这叫文史哲不分家。文学一定要成一家，庄子是一大家，孟子是一大家，他们都是天下第一流的思想家。好好念《老子》《论语》《庄子》《孟子》……意味无穷，自成一家之言。儒道两家都流传几千年了，而每一代的读书人都在读经典，这是很感动人的事，这就是通古今之变。在某一时代里，我们代表这个时代发言，做时代的代言人，就是"成一家之言"。而这一家可以通贯几千年，古今不是大不相同吗？但今人古人都是人，而人有人性，都从天道生成的，所以通古今之变的根源就在究天人之际。

知天知人才是至人

且看庄子怎么说？"知天之所为，知人之所为者，至矣。知天之所为者，天而生也；知人之所为者，以其知之所知，以养其知之所不知。终其天年而不中道夭者，是知之盛也。"因为要通贯天人，已经不是古今的问题，也不是一家的问题，从一家进到古今，再从古今进到天人。讲天人关系，第一个要"知天"，第二个要"知人"，"知天""知人"才可以究天人。知人还好，因为人是看得到的，但是天是看不到的，你可以观察人，但是你无从观察天。譬如山水画，你可以画山水、田园、人物，但是你画不出天道，你画的是天空，不是我们所说的天。所以天是不可知，我们知道天跟人均非静态的存在，人是活着的人，而天也是在生万物的天，天理总是在流行中。孔子说："四时行焉，百物生焉，天何言哉！"老天的语言在哪里表现？在四季的运行，在百物的成长；为什么四季会运行？为什么百物会成长？是否代表天道就在那里，因而带动四时的行与百物的生？

　　天在生我们，在带动这个世界，才有四季运行，昼夜交替，万物生长，万象更新，大地春回。天在"为"，我们或许看不到它，但是我们可以去理解，"为"就是天做出来的，做些什么我们可以知道的，就像我们很少看到领导人，但是我们都知道他每天在做很多事。我们都知天，但不能直接看到它，所以我们要知天之所为，所为即天之生动，在于生万物和带动万物，这叫知天之所为。我们要知人，人不是静止的木头人，所以要知人之所为。"为"是指人的生成，父母"生"儿女，老师"生"学生，政治家"生"百姓，朋友"生"朋友，这叫人之所为。人之所为在于生成，知天之所为又知人之所为的人，才可以说是境界最高的人。说你要知天又要知人，你才是最高的人，那么，要如何知天之所为，又如何知人之所为？

知天要从万物之灵的人来知

　　知天在知天之所为者，天是无形的，要知天之所为，就从天生万物去知,在带动万物中生成万物。"天而生也",意谓天所"为"的唯一一件事就是生,我们永远向"生"我们的人礼拜、顶礼、膜拜、烧香祈祷,为了礼敬生我们的"天"。你如何知天?从天的"生"来知。天生万物,天的生成作用要从天所生之万物中最灵的"人"去知。就如同做老师不一定得到学生家长,但看到学生就知道家长如何。我们从孩子身上看到他的父母,他的家庭教养——孩子的言行举止就可以知道他父母的为人。原来看到"人"就知道天,因为人是万物之灵,要知天就从天的"生"来知,因为天地之大德就在"生",从天下父母心就可以知天,知天的问题一转而成知人。从天所生之"人"来知天,因为天无形,但天总是在流行,生成万物、带动万物,知天之所为者,就从天的生来看。天生万物中,最灵的就是人,所以我们就从人来知天,知天之所为就从知人之所为来看。

从知人来知天,问题是从哪一个人来知?我知道绝不是天涯沦落人;通过怎么样的人来知天?庄子说通过真人,不可能通过假人,因为假人身上失落"真",而"真"是天生而有,人的身上没有真,也就失落"天",又怎么可能从他的身上去知天呢?

怎么样知天?通过人;通过怎么样的人?"知人之所为者,以其知之所知,以养其知之所不知。"人上面是天,人下面是物，人是万物之一，但人比物高，因人有心灵；天是纯粹的心，天叫纯灵，灵一定明，所以说神灵神明。台湾街头流行明牌，给明牌有泄露天机之嫌疑，所以正神不给明牌，因为明牌应该是公平的，老天给明牌应该给每一个人。人在万物之上、在天之下，人的一半是天、一半是物，人的"心"是天，人的"物"是物。要从人身上去知道天，但是人的身上有心、有物，到底从人身上的"心"知天，还是从人身上的"物"知天？如从人身上的"物"去知天，天就是万物，"天"马上就掉下来，所以我们要通过人身上的"心"去知天。因为人的"物"那边，跟万物是一样的，是生理官能欲求，心执着物就会有势利眼，会看不起人。人很现实，当"物"出来时，用财富看人，就要比一比谁有钱，看谁的荷包比较满，这样的排名不是质量，是数量，这就是唯物主义、功利主义，所以通过"物"不能知天。

那通过什么可以知天？通过心灵。因为心有无限的包容，当心出来做主时，心最灵，心的灵最贴近天，天就是灵，人无心无知无为，不执着造作就是"真人"，每天骂人、伤人是假人。通过真人才能知天，通过假人天就不在，因为那是仿造品，是赝品，就像假钞不能用，真钞才能通行一样。对人也是一样的，对于从来不讲真话只讲假话的人，就不能和他做朋友，所以说相知有几人。从人的哪一部分去知天？是人的心这一部分，因为人的物这部分是物欲，心的部分和天贴在一起，知天一定要从人的心来知。

知人要从有修养的人来知

现在再来解知与不知。庄子说"以其知之所知，以养其知之所不知"，人要修养，因为你要知人，知人要通过有修养的人去知人。人要养"生主"，如果没有修养，是人的物当家，有修养则是人的心做主。儒家要有儒家的修养，道家要有道家的修养；宗教信仰也要人格修养，要灵修、静坐、苦行，要闭禁，有如面壁修行，面壁才不会被人间的纷扰拉走，一定要守戒律，才能走入宗教的殿堂。这一切要通过人的修养。而"心"是生命主体，即"以其知之所知，以养其知之所不知"，"心"有"知"的作用，而"知"的本质是执着，故"知"有两个层次：一是知，是执着而有分别心；二是不知，即无分别心。人的修养即由"知"进到"不知"。譬如父母生儿女，有生男、生女的分别，就因为生男、生女分别得太明显，有性别歧视，才有现代的新女性主义。性别的歧视就是分别心的"知"，"不知"就是无分别。

似乎"通古今之变"中，男生都不给女生平等的机会，所以现在才有新女性。我演讲的时候说"各位先生"，台下的女士都很有风度,没有人抗议;事实上我所说的先生是尊称,包括女士。假定我说"各位先生、各位女士",就有性别之分。生儿子和生女儿的心理反应也大不同,生女的黯然神伤,生男的神采飞扬,显然有差别——这叫知。知大知小,就是大小的分别,知男知女,就是男女的分别,这个知就是分别心。譬如对身份地位的歧视,这个知就产生偏见;偏见产生歧视,歧视产生压迫,所以那个"知"是让人间不平等的根本原因。知是知非、知善知恶、知美知丑的"知",道家的诠解,"知"是"心"的执着,是非、善恶、美丑的价值标准,是心知执着的产物。心执着自身的种族、肤色、阶级、党团或教派,作为价值标准,已然是偏见,又责求天下人要合乎我的标准,这更是傲慢,人世间的纷扰与灾难,就由此而来。

但是,有些东西是天生的,你把它分别的话并不公平。美是身高一百七十五厘米的话,那我怎么办?我才一百六十厘米高,向我爸妈抗议吗?这就是我的命,我怎么样才能合乎社会的价值标准?当大家不用体重、身高来做标准的时候才行,否则我赶不上别人。取消先天的长相来看这个人,取消"他的爸爸是谁"的标准来看这个人,所以算命看先天的相是不公平的,应该看后天的相,通过他的修养来算他的命。我出生的时辰又不是我选的,为什么要我对一生负责任,所以尽可能不要算先天八字,而算他后天的修养德行,这叫功德。而功德可以扭转人生的命运,叫作改命。受教育是功德,好好做人是功德,好好读书也是功德,好好修养更是功德,功德太重要了。不能以先天面相定一生,那样妇产科医生就可以决定这个人一生的命运。当你一生下来,照一张相,你的一生就定在面相,"看你的五官将来一定念台大",那大家都不要念书了,反正命都定了。从后天修行看,好好用功,将来还是可以考到好学校,有机会出人头地,所以一定要通过"养"来说。

养是后天的修养,后天的修养是公平的,先天的条件是不公平的。人的知就是一种执着,譬如有人出生于乡土,他就讨厌大都市,因为他站在乡土的立场,如果我们还有省籍区分的话就更麻烦。所以那个知不是认知或知识的意思,那个知是执着、分别的意思,分你是台湾人还是外省人,是本地还是外地人,分白色、黑色人种,分劳动阶级、资产阶级,这是全世界的灾难。所以这个"知"把人间分裂得支离破碎。但"知"天之所为,知人之所为的"知",只是理解或体认的意思,而没有执着、分别的意思。心知的执着会使人间破裂,人间之所以有那么多的党团、教派、阶级之分,就是因为"知"在发挥负面的效应。

修养是从"心"的"知"养到"心"的"不知"

人生的修养就是从"知"养到"不知",养到"不知"就是大家一样没有分别，天看所有的人是没有分别的。要通过怎样的人去知天？首先你不能通过物，而要通过心。心有两边，一是跟人家分别的心，很计较、很势利的心，这样的心会让人间破裂，当夫妻、父子、母女都知道这个道理时，我们才是一家人。

有分别心的叫人间，天上是没有分别的，把人间的分别放下才能像天国，要通过"心"贴近天上的人来看天，通过天所生的真人来知天。宗教就是从人间的分别，走向天上的没有分别，这才叫悲天悯人。宗教就是让大家得救，让大家没有分别。我们在人间受苦受难，是因为人间有分别，变成可怜人、没有用的人，宗教就是使每一个人都变成有用的人，这叫"无用之用是为大用"。所以是"以其知之所知，以养其知之所不知"，"不知"的人就是天，因为我把生命中的"天"修养出来。人也可以让生命中的"物"暴露出来，比如铜臭气、江湖气、草莽气、势利眼，而救人就是把人从分别心、势利眼中超拔出来。知天要通过真人，而不是假人，真人是从"心"出来的，假人是从"物"出来的，真人是修养出来的，通过"心"的"知"养到"心"的"不知"，那人就从人间走向天上。

人的心路历程，从人间走到天上，就是无分别心，那时从人的身上可以看到天。宗教信仰与哲学素养就是从人身走向天道的旅程，天只是给我们一个终极指标与理想，但从人到天的历程是要人自己去走出来的。这样知天又知人,天在人身上,有修养的生命人格身上有天,可以终其天年,享有天生应有的年限。人生百年就是天年,终其天年,是安享天年而不中途夭折;"知之盛"即知的最高峰,就是既知天又知人的"至人",可以终其天年。在人间长生不老的价值美好,不一定高过在天上的没有分别心;假定人间不好,长生不老有什么意思?我们希望长生,须这个地方很值得,如果人间挤迫、恶劣,反而想早点离开。要长生不老,最重要的是让世界变得很好。道家的义理要将人间转好,即可逍遥游,还要齐物论,大家平等才保有可以好好活下去的世界。所以有这样的"知之盛",我们可以安享天年,在人生旅途中优游自在。

"不知"的真人可以知天

"知有所待而后当","所待"即修养。修养是一生都要的,每天都要做的功夫,"知"有待修养而后当理。所以有每一时刻的心灵修养,才有每一时刻的生命真实,每一时刻都从"知"养到"不知"的人,才是每一时刻的真人,每一时刻都是真人的人,才是每一时刻身上都有"天"的人。修养最难,因为人心中无论起了什么执着造作的念头,都要把它解消。《论语》有谓"君子无终食之间违仁,造次必于是,颠沛必于是",意谓不能在一餐的时间内让仁心不起作用，在颠沛流离时代邅变时更要修养，所以人生的保证就在修养，因为我们另有一半会让人沉堕的"物"啊！不修养，"物"就出来了；修养时，"心"会出来，且不是有分别的心，而是无分别的心，有分别的心不免看人低，修养后才会平等对待别人，所以说知要有所待而后当于理。而所待就在于每一时刻的修养，人生的美好才有保证。

所以修养要随时进行，不能说我修养完了，读书会毕业，考试会考完，而做人是要做一辈子的，修养是要修一生。只要我们随时修养，你怎么知道我所说的"天"不是"人"，而我所说的"人"不是"天"呢？假定我们每一时刻都修养，把人的"心"修出来，转成真人，那时人就是天，天就是人，人就成了既知"天"又知"人"的至人了。之所以说孔子是天，即是这个道理，因为孔子已经修到那个境界了。释迦牟尼佛就是修到那个境界，耶稣就是修到那个境界，所以他们是人的身份，也是天的身份，他们已经修养到上天那么高了。人已经是天了，全副生命是心，而且全副生命是无分别心，这样我们就是天上的心，天人之间的分别就不存在了！天人一体无别，是人的修养在保证。人的一生，走的是永不停息修养的路，这样天就是人，人就是天。

从"天之非人乎""人之非天乎"的一体无别，再加上"且有真人而后有真知"，是画龙点睛之笔。能够一生修养的人，从"知"养到"不知"的人，这样的人叫真人；不要人间排名的人，心无分别，保有天真，这样的人叫真人。有真人才有真知，真知是知天，而不是知识，人到这个时候我们才可以说我们知天。在道家思想传统里面，我们称有最高的人格的人是真人，神仙人物都叫真人，因为他把他自己修到天的层次，修到无分别心，修到无执着。没有分别，没有功利，没有权势，没有排名，在他的眼中全天下都在一体无别中，这样的人叫真人。真人就有真知，那个时候的"心"就是天上的心，心里所想的就是天上所想的。这在佛家叫菩萨道，菩萨就是用佛的心来救世界，来普度众生。

宗教就是解答生死困惑

底下庄子讲"何谓真人"，怎么样才可说我修到了真人那个层次？第一个是去心知之执，第二个是解情识之结，第三个是破死生之惑。怎么样叫真人？修到无分别心的"不知"，要把"不知"的心来化解这三方面的执迷困惑。"知"是心知之执，我们的知就有成败、得失、利害、祸福的分别，落在相对的二分。真人是不知的，解消心知之执，才不会在人间的名利权势中担心自己处于弱势而被比下去了。我们一定要去掉这样的心知之执。心里面执着"什么叫英雄好汉"，执着所谓"第一流人物,一定要能呼风唤雨",有这种念头就很难做真人,因为你老在人间跟人家比较。此所以第一个就要"去心知之执",不要有成败、得失、利害、祸福的分别,去掉你的分别心,没有所谓的第一流跟第一等,不要想超过别人,一定要去掉绝对不能输的执着,不然很难做成真人。我要做"真"老师,一定不在乎一个月的待遇有多少,不然的话就很难当"真"老师,因为会英雄气短——人家一天打几通电话,收入就超过我们教书一个月的薪水,那个时候就教不下去了;你一定要不在乎,才会好好当老师,才会敬业,才会尽心对学生。

第二个叫"解情识之结"。庄子说是"其寐也魂交,其觉也形开",晚上心魂交错睡不安稳,是因为白天看到人间街头有什么,而自己的心中就想抓住它,由执着而构成是非,此大知小知的分别,再往下掉,转为大恐小恐的情识陷溺。因为你有成败、得失、荣辱、祸福的分别,带给你压力,你就会焦虑惊慌,感到心都凉了,手都软了,这就是情识的陷溺。情识是从心知来的,心知有执才会心有千千结,心纠结成一团,生命在恐慌的状态患得患失,失也患,得更患。考试排名第一的人最担惊受怕,因为他可能失去第一的荣耀,而考最后一名的人最放心,因为他不用担心别人会来抢走他的位置。所以情识就在"患",从担心到焦虑,每天担那么多心,怎么能够当得了真人！真人要逍遥游，所以第二个要解开情识之结，这样你晚上才睡得着，白天才吃得下，人生自己在也自己得。

所以庄子说一般的俗人是用喉咙呼吸，话一下子就冲出口来，真人呼吸以踵——用脚跟呼吸。你看练功夫的人都不大穿鞋子，赤脚走天涯，因为我们身上的生命之气，要跟大地的灵气连接起来。真人之息以踵，脚踵紧贴于地上，大地是我们的根，真人立足于大地，而不是在虚无缥缈间，这样的人无忧无虑而自在自得，放得下，忘得了，又走得开。我最大的突破就是我不在乎当老师的待遇，从小学教起，初中高中每一年级我都教过，总觉得做一个老师好有意思。当老师放开了薪资高低的分别，去掉心知之执，做一个老师就不会伤感，不会感慨这么辛苦，付出那么多，作业都改到半夜。人家下班就下班，我们晚上有学生来；暑假比平时还忙，每一个人都知道你放暑假，学生打电话说要来看你，你能说不好吗？你说不好，你就不是老师。所以说我对学生没有抵抗能力，只要学生说："老师，我要跟你说说心事。"我一定会答应。他一定有困难，至少他希望和老师谈，你怎么可以拒绝？儿女问："爸爸有没有时间？"当然有。马上拉他过来，爸爸有的是时间，爸爸的心永远为儿女开放。除了儿女之外，我的心还要对同学、朋友开放，即使明天要交稿，我还是说好。

第三个是"破死生之惑"，会使我们随时感受到的精神压力，就在死生的分别。生是全部的有，死是全部的没有，利害得失都是相对比较来说的，现在有利，过了现在可能有害，且利害关系可以扭转过来；但死生是不可逆的，转不回来的，所以人最看不破的是死生。说生死是大关，修行最难在勘破生死大关，这一关看开就可以"朝彻见独"，"入于不死不生"之境，朝阳照遍人间世界的每一个角落，真我朗现，打破生死二分，心不执着，生死就此远去，再也不能压迫我们了！宗教就是解答生死的困惑，宗教要给出来生，要给出天国，不然死后要到哪里去？

　　儒家解答死的问题，是用"生"来解答。人的恐惧就在人会死，儒家说我们生生不息，我一直生就不会死，我们的"死"，就是我们没有力气了，假如我一直"生"，就会有生命力。所以退休后，一定要关心社会福利事业，一定要付出，这样我们"生"的能源动力才会绵绵不绝。退休藏有危机，好像社会不要我了，我没有用了，人也就衰老得很快；我要永远有用——我要以过来人的经验告诉年青一代——我关心整个社会的未来发展，儒家就说是生生。生生的第二个解释是父母生儿女，一直生下去怎么会有死？一个人化成几十个人，世世代代活下去。我父母亲生了我们九个兄弟姊妹，现在我们九个家庭至少生出了二十几个孩子，本来是我爸爸妈妈两个人，现在变成几十个人,因为代代相传,我们都活在后代的身上,所以认为人不会死。儒家以生生面对死的问题,不断地让"生"出来,一代传一代,中华民族是世界最长久的民族,因为我们懂得生生的道理。生生之谓易,《易经》的道在生生,天地之大德曰生,对"生"顶礼膜拜,所以生生不息,我们就不会有死的问题。老庄认为"不死"之道在"不生",这是道家独特的智慧,认为不生所以不死。

勘破生死,人生就无烦忧

有一回我在中山纪念馆演讲,讲完之后,有两个女生提出问题,问我在《当代人心灵的归乡》一书中,道家所谓不生就不死,是什么意思。我听到这个问题好感动,好想拥抱她们,我的女儿都没有问我这么高深的问题。得知她们是初中生,我更高兴,初中生来听我演讲,而且问到人生最重大的问题,显然她们在看我的书。这两位年轻纯真的学生,就是真人,从她们身上我看到了天在哪里。那场演讲,只因有了这两个人的回应,我就感到无比的安慰。

为什么不生就不死?因为死是从生带来的,你心里执着一个生,死也同时成立。你买股票就要承受股票会跌的恐惧感,像我一张股票都没有,所以股票的起落都在我的生命之外,不会对我造成压力，股票从一万多点跌到两千多点，我心如止水，像道家的真人一样，那是因为我在股票市场之外。所以要置生死于度外，这句话就是这个意思。

生死如何置之度外？不执着生，死就不会来。我不买股票，股票就不会把我套牢；我不执着生，死亡永远不会压迫我；我不追求成功，失败永远不会来；我不想做官，就不会有下台的恐惧；我没有竞选，就不会落选……所以道家说我们不执着生，不以生为生，死亡永远不会闯进我们心头，因为死亡的可怕不是死亡的本身，而是那种恐惧的阴影老缠绕在我们的心头，我们会一直想人终究会死这个问题。《齐物论》说过一句话，你怎么知道死后不是回家？就像我们去高雄旅行，五天以后回台北，你会伤感吗？不会嘛！回家多好！

所以庄子妻死，他鼓盆而歌；朋友问他，人家帮你生儿育女，你不哭就算了，你还好意思唱歌？庄子回答，她现在回到大自然的老家，正在高卧，正在安眠，人生就是一段旅途，舟车劳顿，回到家正好可以安息，结果你还在这里痛哭，这不是有点荒谬？因此说人害怕死亡就像一个迷失在外的小孩，找不到回家的路一样。所以老庄要勘破生死的大关，勘破生死就是真人。天是没有生死的，人才有，你如果连生死都能勘破，这个世界上就没有什么事可以让我们烦恼、忧心，把我们绑住、套牢的了，我们成了完全自由的人。

体现天道的人是为大宗师

最后庄子说真人是"以刑为体"。真人要承受我这个人物，作为一个人，我身高、体重不是完美的；作为一个人，我会饿，会累，会想睡觉。人生路怎么走？天生气命好不好都要承受！只好用餐，只好睡眠。所以"以刑为体"就是指形体的局限，我的形体是不自由的，会生老病死，我要承受它，因为作为一个人，一定要有形体去参与人间。

不只做一个人物不自由，还要通过复杂的人间世界，这叫作"以礼为翼"——用礼来作为人间的辅翼，可让我们走过人间世。人要有礼貌，到处都可去，你对人家微笑，到处都行得通，这叫"以礼为翼"。人生在世，第一要承受人物的有限性，第二要通过人间的复杂性。

第三是"以知为时"，要化解做人做事的执着和滞陷。此知是"不知"的"知"，"知天""知人"的"知"，无心虚静，因应顺任，就可以与时偕行。顺应亲人朋友的感觉，任何时候都可以是大家相知相惜的最佳时机。

第四是"以德为循"。化解了做人做事的执着，最后可以实现做人的价值，叫"以德为循"。保有本德天真，实现真人人格，我自在自得，无待逍遥，处处都是美好，天地间无不可游，人间世无非游也。这是庄子的真人世界。

真人就是大宗师，是以天为宗、以天为师。把"知"养到"不知"，无心自在就是有真人而后有真知，这个真人是生命人格之大；"大"就在体现天道，通过人格修养，完成真人的人格之大，这叫大宗师。所以大宗师是"知天""知人"的至人，真人的身上体现了天道，宗教最后就是希望我们从人间走向天上，"不知"是真人，真人有真知，真知在天，这就是宗教信仰最后的理境。

寓言之内涵说解

◎人间抱憾难免

《庄子·大宗师》有段女偊与南伯子葵的问道对话，透显了人间终究有憾的道行艰难。女偊年长而色若孺子，犹如童颜而鹤发，两不相称。这引起南伯子葵的好奇，他请教有什么秘方，可以避开衰老的来临。

女偊的回应简单而直接："吾闻道矣！"原来不老之方就在听闻了天道。南伯子葵立即追问："道可得学邪？"在二者对话间，"闻道"蕴含了"学道"的功夫意涵，听闻言说仅停留在理论层次，学习则落在实践修养的历程中。

《老子》第四十一章云："上士闻道，勤而行之；中士闻道,若存若亡;下士闻道大笑之,不笑不足以为道。"体道之士而有上中下的评价区分,就以功夫的深浅作为依据。上士勤行,下士不行,中士摇摆在二者之间;与上士为友则功夫存,与下士为友则功夫亡;而下士闻道不仅不行,且出以大笑的藐视狂态,原因在他不相信道,认定道太空阔遥远,不切实际。老子在此一境遇间,以幽默感来自我超脱,化解在心头涌现的不满之情。

《论语·学而篇》开宗明义即云:"学而时习之,不亦说乎?有朋自远方来,不亦乐乎?人不知而不愠,不亦君子乎?"孔子与老子在功夫修养的深切体验上,遥相呼应。学而时习与勤而行之,用功等同;有朋远来位居功夫存亡的转关枢纽;不知不愠也与不笑不道的宽容自解,境界相当。

南伯子葵的问道之心已被激发,可预期的是,他一定会是勤而行之的上士。未料女偊却给出无情的回答:"子非其人也!"你不是此道中人,意谓天生的才气不相应,故有心而无才,难竟全功。

女偊心中另有理想人选,那是拥有"圣人之才"的卜梁倚。女偊听闻的"圣人之道"是普遍性的,对每一个人开放,人人皆可以修道。不过,在"根源问题"之外,尚有"完成问题",此则涉及了才气或根器的问题。人才可遇而不可求,人在追寻道,而道在等待人,圣人之道与圣人之才,若两相错过,则成人世间最大的抱憾!

女偊是修道人,她盼望能与卜梁倚组成最佳二人组的梦幻队伍,"庶几其果为圣人乎!"或许在圣人之道"守而告之"的教化之下,可以修成正果,完成"圣人之德"的千古大业。

问题在,天生有才气的人,大多恃才傲物,逃离在"道"的化成之外,终究成了人间的弃才与天地的逸气,而抱憾总是难免!

◎想当尧舜反成桀纣

在数千年来以儒学为主流的文化传统中,面对人生的苦难,走的是以政治救人的道路,此中透显我们不为自己预留退路的决绝劲道:没有天国,没有彼岸,人生的好与不好,都在今生今世。

政治救人的完美典型,就在以内圣的修养,开创外王的事业。依孔子的诠释:"天下有道,则礼乐征伐自天子出。"普天之下的每一个人都在圣王的人文教化之下,才算是尧舜之道的理想极成。倘若诸侯国抗拒礼乐教化的人文理序,天子在维护一统的政治格局之下,派兵征伐不仅必要,且属合理。

此一说法,庄子思想做出了真切的反思与严重的质疑。《齐物论》有一段尧舜对话的寓言,尧说我想攻打三小国,虽已君临天下,内心却老是有负担,不知为了什么缘故?舜回应说，三小国藏身在天地的一角，有如蓬蒿、艾草一般对天下理序既不干扰，又无妨害，你怎么就不能放开它们呢！庄子认为三小国与世无争，尧却为了维护圣王的形象，不容许三小国偏离在自家的人文教化之外，唯恐伤损圣王的美名。这是道家所痛切反省的由心知执着带出人为造作的灾难。说是为了实现人文化成的理想，却出以战争毁坏的手段，试图以目的让手段合理，岂不是为了想当尧舜，反成了桀纣吗？

老子说："绝圣弃智，民利百倍；绝仁弃义，民复孝慈。"在位者不以圣人智者自居，那天下人民就有福得救了；从政者不以为自己是仁义的化身，那天下人民就有自在的天空了。圣智傲慢，而仁义高贵，说是爱天下，却是害了天下。

原来，桀纣的人为造作，来自尧舜的心知执着。心知执着尧舜圣王的理想形象，由有心而有为，责求天下人接受我的礼乐教化，否则，不惜诉诸武力征伐。这一人为造作的激烈手段，正是理想的异化与爱的变质，为了做尧舜，反成了桀纣。

此所以庄子说："与其誉尧而非桀也，不如两忘而化其道。"(《大宗师》) 不想当尧舜，就不会做成桀纣，解消了善恶两极的执着二分，而回归天道自然的一体和谐中。

或许今生今世救人，依然是知识分子的宗教，不过，那总是要通过民主体制与法治轨道，这样的话，才可能所有人一体得救。

◎在道中相遇相忘

岁暮天寒，师长友朋间，有人急诊住院，有人病重过世，伤痛之余，问人间生死何事，直教人心悬悲喜两极，而摆荡其间。

《庄子·大宗师》有一段寓言，说三位方外高人，相与为友，每天无心自然地相处相得，且纯任天真地相知相惜，浑然忘了人间还有生死的分别。三人心感神应，相视而笑，等同做了心灵的最后话别。没多久，子桑户死了，尚未安葬。孔子同情他们，派子贡前去帮助办理丧事。未料两位方外高人，却一边编曲一边弹琴，和声唱道："唉，桑户啊！唉，桑户啊！你已回归自然天地，而我们仍得在人间做人啊，唉！"

这真是天大的幸运，三人之间甫做心灵话别，而子桑户死了，不再有遗憾，也无须伤痛，似乎离开人间的人已得解脱，而仍活在人间的人，却还得在世俗尘嚣中流落，是以生离死别，不再是哀悼的告别式，而可以是编曲弹琴的欢送会。

子贡面对此情此景，不能接受，质疑说："贵友停棺堂上，而两位却临尸而歌，请问这样合于礼制吗？"两人会心一笑，说道："阁下又哪知礼的本意！"子贡碰壁而回，跟孔子报告："他们到底是怎么样的人，修行尽在化掉既有的规范，直不把生死当作一回事!"孔子答道:"他们游于方外,我孔丘游于方内,方外方内本是两个互不相干的世界,我要你前往治丧,那是我的浅陋!他们正与天地同在,与造化同行,生是负累,而死是解脱,形躯仅是安身之所,而生命依归道体,怎会守住世俗之礼,尽做给天下人看呢!"

子贡听闻孔子对方外高人这一番同情的了解与肯定的评价,大感困惑:"倘若方外之人的行谊,是值得敬重的话,那么老师你要把我们带往何方呢?"

孔子的回答,凸显了儒家的本怀:"我这个人是天生的劳碌命,几乎无可选择。我们师生两个当然走游于方内的路。"

子贡问说:"方内担当人间理序,要如何'游'得起来?"孔子答道:"鱼在水中相遇,人在道中相会。鱼只要在水中穿梭来去,而养分自足;人在道中行走,无须人为造作,而生命自定,此所以说:鱼相忘于江湖,人相忘于道术。"

鱼的生命源头在水,人的生命源头在道。有了源头活水,鱼可以互相把对方忘记,不必"相呴以湿,相濡以沫";人也可以互相把对方放下,不必我救援你,你支撑我;此所以相忘的根本,就在活水源头的道。不论立身方内或方外,总要心中有道;道就是一切,一切都在这里,一切也就可以放下,生命不就可以优游自在了吗?

人生自古皆有死,问题在,"道"已临现了吗?

◎勘破生死可与为友

报载有一对青年情侣，相约伴随一生；未料，男生因拔牙感染而遽然过世。或许过于突然，女生不能接受，也就自杀相随。天下父母心，为他们举行冥婚之礼，以弥补有情人未成眷属的人间缺憾。

吾人看此则报道，赫然发现新闻标题竟是"现代版的罗密欧与朱丽叶"，且是以"殉情"来终结此一所谓的"人间佳话"。

当然，衡之当前性爱泛滥而独缺真情的街头景观，这位以生命还报深情的女子，堪称人间少有，为这一真情流失的年代，留下了让人动容的生死见证。

动容之余，却让人心疼，这是什么时代了，怎么还会有一往情深而不忍独活的坚贞决绝？所以，心疼之外，更多的是一分敬意！

不过，把这一件令人伤感的憾事，说成佳话，未免太离谱也太沉重了！此与罗密欧、朱丽叶戏剧性的殉情演出，大有落差，一者是因病痛而来的生离死别，一者是为化解两家积怨而有的阴错阳差。怎会是现代的翻版呢！

就因为生死两茫茫，死者已矣，而生者难以承受这一至爱离去的伤痛，只要想起他正在黄泉路上踽踽前行，既落寞又哀伤的情景，怎能不兴起伴随同行的意念呢！在这一生死交关的时刻，总要有亲人友好的陪伴支持，这位女子仅是女朋友的身份，或许被疏忽了，反而得不到应有的安慰与保护吧！

越是不忍难挨，越得换个角度来思考，假如他泉下有知，会希望你如何过这一生呢？他那么爱你，想当然耳会要你坚强地活下去，且活出一生的美好；可惜的是，她没能转念而跳出此一困局，竟随所爱而去！

《庄子·大宗师》说四个方外真人，发表一份共同的声明，向世人宣告，只要能了悟死生存亡本是一体而不可分的人，我们就跟他做朋友。原来，人世间公开征友，只有一个条件：那就是勘破生死大关的人。因为若没有解消生死的执着与分别，而相与为友，则所有人间的真情友谊，无不以悲剧收场。一边走不开，一边放不下，岂不是人间情爱均成伤痛么！

人生在世，不论亲情友谊，在活着的时候，我们永远要做到这一点，那就是当哪一天我离开人间的时候，他可以坚强地活下去。这样，我们才真正是相爱一场，而不会抱憾成空。

◎别无语问苍天

《庄子·大宗师》有一段寓言故事，说两个知心好友的生命对话。

子舆在连下十天大雨的时节，想起好久没看到好友子桑了,心里嘀咕着"子桑大概生病了吧!",就带着饭菜前去,想让子桑好好吃一餐。

未料,到了门前,只听到屋内传来子桑鼓琴悲歌,而其声若哭地唱道:"父邪!母邪!天乎!人乎!"或许心里承载不了这么沉重的哀愁吧,歌声急迫短促,几不成调!

子舆进了室内,问说:"吾兄歌咏诗篇,声调怎会如斯苍凉沉重!"子桑答曰:"我在想是谁逼我落到如此严重的困境,却一直找寻不到答案!生我爱我的父母,哪里会要我如此的贫困呢?而生万物养万物的天无不遮覆,地无不乘载,也不会独独要我受苦受难!我老是问自己,到底是谁造成的,既不是父母又不是天地;然则我今天竟落在几乎活不下去的困境,大概只有命可以解释了吧!"

庄子这么亲切而深刻的存在感受,直承孔夫子。孔子说:"命矣夫,斯人也而有斯疾也,斯人也而有斯疾也!"好人而得绝症,当真天道宁论,你不能无语问苍天,因为苍天也无以回应。

孔子说:"死生有命!"庄子也说:"死生,命也。""命"一边是"不得已",你不能让它停下来,一边是"不得遁",你不能逃离避开它。人生的困苦在,你试图让时间冻结,让青春永驻,而那是不可能的任务。

在面对生命的苦难,不祈求上苍庇佑,以"还不是命吗?"

轻描淡写，当下释放自己，立即得救。"命"是属于人物的有限性，没有人不在岁月中老去，也没有人不离开人世间，那是佛陀与基督也无能为力的地方。在伤痛临头之际，你就认了吧！认了，它就不能再压迫你、再伤害你了。与天地同在，与时间同行，岂不是从苦痛中解脱了吗？

"命"就是最后的答案，更贴切地说，那是没有答案的答案，没有理由的理由，也是没有出路的出路。有如"行到水穷处，坐看云起时"，水穷处就是云起时，所以"命"是伤心的终站，也是再生的起点，那是几千年来的救命妙方。

应帝王——无冕的帝王

"应"就是因应无心,帝王,是世界上最自由的人。
我把自己放下来,我无心,那个时候我最自由,
因我不跟人家争,不跟人家计较,
所有的束缚、禁忌、顾虑、压力都没有了。
所以只要应物无心,我们就是无冕王,就像皇帝般地自在了。

人皆可为尧舜的道家版

《应帝王》是《庄子·内篇》的最后一篇,它被认为是庄子思想的帝王之学。老子说的"无为而治""无为而无不为",就是道家的政治思想或外王思想。我们如何来解释"应帝王"

的意义呢?主要的意思,"应"就是因应无心,因应无心乃帝王之德;"应"即是应物,人是活在人间世界,要跟物相处,所以要应物,但是要如何应物呢?因应的态度,要无心,不要有心。无心则可以顺任因应,顺任就可以让天地、人间回归自然美好,这样就是帝王之德。

一个帝王家要如何治国平天下呢?那就是要跟天下人在一起,要顺应天下人,让百姓活得幸福,这样才是最好的帝王。最好的老师都是跟学生在一起,顺任学生,带着学生成长;而最好的父母是跟儿女在一起,顺任儿女,带着儿女成长。这样的德行就叫帝王之德,帝王要引领天下人,所以说应物无心乃帝王之德。再进一步解释,因为我们每个人不可能当皇帝,故对天下人来说,每一个人也在应物,我们身处人间跟人相处,所以要应物无心,只要我们无心以应物,我们就跟帝王一样的自在。

天下帝王唯我独尊,普天之下他最自在,人人无心也自在,等同帝王,也就是无冕王了。当我们可以把自己放下来,可以无心顺应,那时候我们就是皇帝,无须加冕,因为我们跟皇帝一样的自由。故一个人可以无心应物,其本身就是帝王,这就叫"帝力于我何有哉?"——那时候帝力对我来说的话,好像不存在一样。"天高皇帝远",我把自己放下来,我无心,那个时候我最自由。不跟人家争,不跟人家计较,会觉得原来的束缚都没有了,原来的禁忌没有了,原来的顾虑没有了,原来的压力没有了，突然间觉得好自在、好自由，那就是皇帝。所以我们只要应物无心的话，我们就是无冕王，就像皇帝般地自在了。

游心于淡，合气于漠

再说阿拉伯世界跟西方世界的对抗。阿拉伯世界当然要维护自己的主权，西方国家要维护其世界的霸权，这个是帝王之争。在决战的紧张时刻，讲庄子的《应帝王》，时机上最为恰当；因为帝王要强霸天下，一定要有军事武力，但是庄子讲的不是去打天下，而是我把自己解消，我把自己放下来，我只是无心，我去因应万物，去顺任万物，这样的话反而能成就帝王之德。

这跟中东情势两造对抗完全不同，所以我们才要去理解老庄道家的思想理念。真正的帝王是无心应物，这在《道德经》来讲就是："圣人不仁，以百姓为刍狗。"圣人不仁，圣人是无心的，圣人放开百姓，让百姓自在自得，这才是真正的圣人。真正的圣人是没有自己的，圣人没有自己，而让百姓"有"出来；让百姓"有"出来，这岂不是帝王之德吗？不是治国平天下吗？所以怎么样让帝王之德通过道家"无为而无不为"的思想形态来做一个合理的解释，这就是《应帝王》的旨趣所在。

庄子引用一个寓言式的话来说《应帝王》,"游心于淡,合气于漠",一般我们都说淡漠或平淡冷漠。淡漠就代表不那么热衷,不那么执着,淡淡的,有时候看起来漠然,意思就是放下来。现在我们要讲两方面,一个是心,一个是气。讲外王一定要安顿万物存在的气,因为人的存在是心在气中,而气是要通过"心"来引导,这是儒家式的,因孟子养气是以心的理来养物的气,是用心来引导气。心是理义,心来引导气,理直则气壮,气会跟着心的理壮大,因为心是无限大,所以气也会跟心一样大,那时候的气叫浩然正气;因为你的心是对的,你的气就得到那个"对"的养分,愈是对的,你的气就会愈壮大,是谓理直气壮。人在觉得自己的心不对的时候,气会衰退。

淡漠无心,心游气合

庄子说游心,即是无心,游心于淡,就因淡而无心。心淡无心,气漠无为,气在心的鼓动之下,显发而为生命力。在儒家来说,人生的问题是我们的"气"出问题,所以儒家希望我们克制自然生命的形气物欲。"克己复礼为仁",人生而有欲望,要克制我们的欲求,所以儒家的修养是让我们的"心"当家,气才不会失去方向而流宕。道家认为人生的问题不在气,而在我们的"心",因为心太执着了,太狂热了。譬如说我们雄心太强的话,会引起人为造作,鼓动扰乱了生命之气,气乱或者消化不良或者心律不齐,甚至吃不下睡不着,因为心太放不开,也就牵动气,所以庄子说要无心,无心的话气就放平。打坐为何又称静坐,静坐就是气要平静,"心"一定要虚,因应无心乃帝王之德,不能因应无心的话,心就会有很多执着、很多挂碍、很多焦虑、很多压力,如此气是不会平顺的,一定被牵动而受累。所以要无心,无心才可以合气。合气于漠,漠就是无为,所以心淡气漠就是无心无为的帝王之德。

庄子说他乘着一只很大的无形的鸟,飞到一个什么都没有的地方,什么都没有的地方就是心里面什么都没有,无心就像是一头无形的大鸟,无形说心的无不包容,心是"虚"、是"无"的,无不包容就是大。因为无了,心里面把权势名利都忘掉,所以心变成很大,而心是无限的,什么都可以进来。一头大而无形的鸟,就是我们的心,飞到什么都没有的地方,没有房地产、没有股票、没有功名利禄、没有成败得失;飞到无何有的乡土,那个地方一片开阔,不会觉得像走到台北街头那么挤、那么累、那么受压迫,好像整个世界广袤无垠,此即所谓的因应无心乃帝王之德。你无心,气就合了,"合"含有"和"的意思,叫和合,在老子来讲是"专气致柔",无心,气就专一,假定心加入的话,气就被心带动。儒家式的修养要有心,道家式的修养要无心,无心的话,气才自在而和谐。

儒家讲的修养就是要克制我们的气,有时候我们的气会莽撞暴裂,而通过心来带动我们的气,这是儒家式的。所以孟子说养气,让气跟着心走,不要让气自己跑,否则气会变成脱缰的野马,四处狂奔,气就散掉了。气通过心来凝聚,叫养气,要转成浩然正气,得用心来养。所以光气不行,因为气会流窜,要把它养到心那边去。但是道家的想法是心要放下来,要顺任,要无心,这样的话,气才会专一,而且会柔和。

庄子在《人间世》讲"达人心""达人气"。"达人心"是我的心跟你的心,心心相印;"达人气"就是两心体贴而成一体,气就交感。譬如两个相知的朋友,不用说话就自然有感应,两气感应就叫达人气,心灵虚静而观照,生命有自然的感应。人怎么应物,一个是心跟心能够相知,另一个是气对气能够感应,这叫"达人心""达人气"。

两心相知,两气交感

心要相知,气要相应;但是心要相知是通过无心来说,无心才相知,无心的话,气就会专一,就会相应。所以庄子讲"淡",讲"漠",意谓一定要加个"无",才会"游",才会"合"。我们的心要游,我们的气要合。但是要有"无"的智慧,要"无心"心才会游,即逍遥游,"无"了以后才能逍遥游,"淡""漠"都是"无","无"了以后"气"才会柔和。

在《人间世》特别讲未达人心、未达人气,是孔子告诫颜回,说颜回"未达人心"也"未达人气",所以他劝勉颜回要做修养功夫,哪一天能达人心、达人气,才能去规劝卫国君王。在颜回跟卫国君王心不能达、气不能达的情境之下,他的劝等于得罪,因为他要去说君王的不对,那他就叫灾人。灾人是带去灾难的人,你带去灾难,人家一定会想办法"反灾之",他去骂人家,人家当然反击回来,这叫反弹,把灾难还归你的身上。所以,家人、朋友之间,甚至师生之间任何的劝勉,不管出发点有多善意——善意是儒家的意思,道家告诉我们光善意是不行的,要把我们自己完全放下来,要游心于淡,合气于漠,无心无为,我们的心才会跟对方的心贴在一起,我们的气才会跟对方的气交感应和,这样的话,对方才会真正感受到我们的善意。

太多人交浅言深,其实很多话是不能说的,连夫妻都不能说,一说就伤感情。爸爸不能说儿子,老师不能说学生,同学之间彼此不能说,为什么不能说?因为没有取得对方的信任;为什么不能说?因为我们没有把自己放下来。我们"无心"的话,心才能跟对方贴在一起,"无为"的话,气才能跟对方感应在一起。贴合在一起,感应在一起,就是达人心、达人气。

我们活在人世间，总是要跟人在一起，不管是亲人还是友人，人一方面是心，一方面是气，我们要跟对方的心能贴合，跟对方的气有感应，这才是真正的应帝王。那时候不用花很大的力气，我们应机一说，对方就听进去了，因为我们就是对方，对方就是我们，可以完全接纳。不然的话，花大力气，讲了很多，讲了很久，一劝再劝，但是似乎我们说得越多，对方离得越远，而且我们越说话，对方越讨厌我们，为什么？因为我们站在他的外面，我们以"对"的姿态出现，我们在下指导棋，我们认为他不对，他不应该，这样一来，他马上感受到我们对他的不以为然，我们是一个外在的力量在压迫他，引发他自我防卫的心理机转。

所以道家式的与人相处、与物相处，一定要把心放下来。儒家说"我对，所以我是善意的规劝"。道家说，不能老说自己的对，问题是要忘掉自己的对。把孩子找过来、把学生找过来，跟他们说说话，"假定我是你的话，我们要怎么做比较好？我们来想一想，书要怎么读才读得好？"不要先开骂，"你看看你不及格，你根本不用功"，这一下他马上觉得老师跟父母在他的外面。我们一定要跟他坐在一起，我们的心就是他的心，"我们是不是希望功课好一点？我们会不会觉得读书很苦呢？要怎么样才能让功课好呢？怎么样让读书不苦呢？"我们跟他一起走成长的路，一起面对问题，这样的话叫达人心、达人气。怎么样达？把自己的对放下来。

所以孔子要颜回忘掉他是对的。颜回以为自己是医生，因为孔门是要救人间的，医门多疾，医门里一定有很多有病的人前来求诊，他觉得自己是从孔门"医学院"毕业的，他要去救卫国的失政暴乱。结果孔子告诉他，你这样的话是"未达人心""未达人气"，这一去就变成灾人的姿态，你都说卫国君王不对，卫国大臣不对，卫国全部不对，那你就是跟卫国上下为难。庄子的《人间世》是要跟对方站在一起，而不是去把对方骂垮。

孔子教颜回的话，庄子用道家的义理说，是以寓言式表现。我希望这样的"应帝王"，诸位好好去想。帝王就是要治国平天下，对我们每个人来说的话，就是要好好跟人相处，跟人间相处。要如何才能好好相处呢？即心跟心要相应，气跟气要交感。问题是如何才能做到？要把心放下，才能跟对方的心贴合在一起；要把气放下，才能跟对方的气感应在一起。

小国的尊严在傲慢

我们平时最大的问题就是我们没有放下，心起执着，把标准定在自己这里，优越感跟英雄气就一起出来。也许我们是对的，但对方就讨厌我们的英雄气跟优越感。为什么我们都对而他就错呢？我想孩子、学生、朋友最大的反感，就是我们永远是对的，而他们是错的。我们永远在下指导棋，摆出优越的姿态，摆出英雄的气势，这一点让他们受不了。所以我们一定要"淡"、要"无心"，要"漠"、要"无为"，"无心""无为"把心解消，把气放下来，心可以游，气可以合，这样的话不是很轻松自在吗？把自己放下来，对自己不造成负累，别人也不会感受到压力。每一个心淡气漠的人，都可以是皇帝，因为大家都很自由、很自在，人人就是不用加冕的帝王。因为大家都达人心、达人气，大家把心放下来，心都可以游，就能够由逍而遥，再由遥而游；大家把气放下来，气都可以柔和，这样的话不是普天下都得救了吗？"道法自然"，人生美好的"然"，都可以由自身修养而来。

　　少了道家的智慧，人间的理想性、责任感、使命感，反而让人反感，只因为我们都对，别人都错，所以一定要把自己的对放下来，把自己的气势放下来，心平气和大家平起平坐。父母陪孩子读书，陪他走一段成长的路，我们的心跟他们贴合在一起，我们不要在他的外面，不说你不对我对，这时"气"也就可以有直接的感应，人间就可以有一体的和谐。所以说西方世界不了解阿拉伯世界。阿拉伯人是沙漠中的英雄，他们有历史的辉煌，他们希望把过去的荣光找回来，而最重要的就是要对抗西方国家，西方国家主宰世界两百年，我们要了解这样的感受。老子言："大国宜为下。"在两国谈判之间，大国宜为下，小国捍卫它的尊严就在傲慢，大国不必傲慢，因它本来就是大国，所以大国要首先摆出低姿态，反而去尊重小国，小国就不会气势高涨要跟大国拼。

这样的话心就可以贴合，气就可以感应，从自身来说是无冕王，从天下来说是应物无心，就是帝王之德。

通过这样的比喻，让诸位了解，人生是人物活在人间世界上，都要跟人相处，要在人间做人。好好地跟人相处，好好地在人间做人，好好的标准在哪里？就是跟对方的心贴合在一起，跟对方的气感应在一起。一个贴合，一个感应，要如何做到呢？把自己的心放下来，我们的心就可以游了，就跟对方贴合了；把自己的气放下来，我们的气就跟对方感应了，就可以跟对方走向一体的和谐。这样的话，大家都没有压力，不会有对抗，每个人都是自在的帝王，那么"帝力于我何有哉"？

虚静明照使物自喜

所谓帝王之德，就是每一个人都"然"从自己来，都是很自在、很悠闲，都是没有压力的，所以道家的理想是每个人都像帝王般地自在。每个自我都没有压力，人我互动没有对抗，生命没有伤痛，大家都在走自己的路，大家都过自己的生活，不承受人我争竞的压力与恶意的批评，这就是陶渊明的桃花源、人间的理想国。

《应帝王》提出第二个问题，何谓明王呢？道家讲"明"，明在无心，即心虚静明照天下百姓，清明的政治领导人就是明王。无心故清明，明就可以有观照的能力，明王就是明照天下的人主，也就是无己、无功、无名的人。《逍遥游》说："至人无己，神人无功，圣人无名。"这样的明王就是功盖天下，天下事都是他承担的，但他却不认为这是由他自己做出来的；他在领导天下，但是治天下的功劳不归给他自己。天下的妈妈，家事都是她们做的，但又好像不是她们做的；不要每天提醒先生跟儿女，"请问今天的家事是谁做的？""今天的三餐都是谁忙的？"每天在那边叹气"为谁辛苦为谁忙"；先生跟儿女一边吃饭一边不消化。人间的老师也是，不要总提"老师的青春就像粉笔灰一路掉下来"这样的话，否则学生在教室听课就觉得如坐针毡，原来学生的成长是老师付出衰老的代价。

我们每一个人都在做很多事情，叫功盖天下，"而似不自己"，好像不是从自己出来，这叫无己。把自己的心放下来，把自己的气放下来，没有优越感，没有英雄气，尽管我们做了很多事情，但是我们把它忘记，好像不是我们做的一样，去化成万物，而不认为是自己的功劳，叫无功。而且不会把自己的名号一直凸显出来，叫无名。把自己都"无"了，就叫无己、无功、无名。名不是我，功也不在我，都不是从我做出来，这时候就会"使物自喜"。无己、无功、无名，我没有自己，我没有功，我也没有名，让万物回归自己的美好，把活出一生的欢喜还给百姓，这就是"使物自喜"。

两道小菜，满汉大餐

若家庭里的每位妈妈都不喊苦嫌累的话，那一餐饭就会吃得很温馨、欢喜。不要一餐饭吃得悲壮，妈妈哭，爸爸哭，儿女也哭，"粒粒皆辛苦"，这个太严重了。要让它变成很和谐融洽，一家人的心贴合在一起，一家人的气感应在一起，那样的晚餐，一定要妈妈没有自己，妈妈没有功劳，妈妈没有名，一家人很自在、很悠闲、很美好地一起吃晚饭，这叫"使物自喜"。"自喜"很难的，上课要能让每个学生都很喜悦、很自在，就是老师要无己、无功、无名，不要每天点名、每天骂人，每天都在提醒学生"老师为你们牺牲"，学生会受不了；所以老师要把自己放下来，每个学生都会觉得自在欢喜，这叫"使物自喜"。

何谓明王？明王就是帝王之德，明即德，王是帝王。帝王之德在哪里？在把自己"无"掉，把自己放下来，使每个百姓都很自在、很欢喜，"使物自喜"。欢喜是美感，生活要过得好，还要有美感，要有品位，让大家回味无穷，而不是像赶路赶时间般匆忙急迫。不是每个人吃饭都要忏悔，大家一起向妈妈感恩，这实在没有意思；关键在妈妈本身要放下自己，这很难，真的很难，妈妈把自己放下来，全家人就都松下来。

有时候我夫人做完晚餐，她就喊一家大小（即我们父子三人）来吃饭；我们不能姗姗来迟，我们慢半拍她会不高兴，于是三个人齐奔厨房餐桌，而她自己还在做家事。我们说："可否请你放下来，我们一起吃。"她说："你们先吃，我还在忙。"她不晓得她说她在忙的话，我们就吃不下。那个时候她应该放下来，家事为什么要全部做完才放下？最后她都一个人吃饭，我们三个人则一边吃一边忏悔，这哪里有自在呢？这没有自在嘛！所以她应该要放下来，暂时不要做，四个人一起吃饭，大家自在欢喜。这样的话，她本身是"明王"，而我们是"无冕王"，一家四口都是皇帝，那个才是真正的"满汉大餐"。

"满汉大餐"是道家式的，只要两三道的小菜，一家人坐在一起，心贴合在一起，气感应在一起，大家都自在欢喜，这叫"满汉大餐"。家居就像总统套房，总统套房在哪里？总统套房就是要应帝王,应帝王就是要无心,家就可以变成总统套房。不然的话,我们的家就太严肃了,大家都会紧张,都有压力,所以怎么让家居生活中每个人都自在,全家吃个欢喜的晚餐,大家都不能放弃责任。做爸爸、做妈妈的,做先生、做太太的,我们都可以有帝王之德,有帝王之德的结果就是让一家大小都是帝王。我们家那两个不光是小祖宗,还是小皇帝,大家都"帝力于我何有哉",因家里没有皇帝,妈妈不做皇帝,爸爸不做皇帝,儿子不做皇帝,女儿不做皇帝,没有人做皇帝,所以四个人都是皇帝,这叫应帝王。大家"无心",大家都活在一个"帝力于我何有哉"的家里面、学校里面、社会里面,还有地球村里面。这是庄子的智慧,中国不当霸主,美国也不当老大,这样的话,世界就没有对抗,大家放下来,大家无心,全地球村都是无冕王。通过明王的修养来解读人生,可以真切地体会道家的精神。

季咸神准,列子醉心

人生的福报,就在死生、存亡、祸福、寿夭。《应帝王》里有一个神巫季咸的寓言故事,他用算命来告诉我们,人生怎么样才能够让自己的一生趋吉避凶,永保安康。郑国人季咸,他是神跟人的媒介,可以把神的意思传达人间,他能够预知人的死生存亡，祸福寿夭，且可以断定人会在哪一年、哪一月、哪一旬、哪一日死，而且都很准确，所以说他"若神"。他在路上走，一个个告诉人家，你明天、你后天、你大后天会死，而且都对，所以郑国人吓坏了，看到他都赶快逃走，都不敢跟他照面；他一看到人就会跟人家说你哪一天会死，这是最没有趣味的人，根本就是乌鸦嘴。

此中有个人物叫列子，列子是道家人物，他看破生死，不仅不怕季咸，还很崇拜季咸，因季咸神准。故列子回去跟他的老师壶子说："老师，我本来以为你是天下第一，现在恐怕不是了，有个人比你高明！"老师就问是何方神圣。他答说是季咸。老师就问季咸有什么本事，让你如此崇拜他。列子回答说他算命神准，铁口直断。老师就问是他算得神准，还是你们肤浅。这话很有意思，因为算命叫相命，相命是从我们的相看到我们的命，故是季咸神准还是我们肤浅？什么叫肤浅？就是我们的心事都浮现在我们的表情上，所有的心事都写在脸上，所以算命的为什么算那么准？因为脸上就写着"我今天不快乐""我这阵子很失意"，甚至于"我不想活了""我没有明天"，所以他就一直从我们的脸上念下来，就像新闻记者看字幕报道一样，一路念下来，他说"你是很苦的""你最近不大好""你根本活不下去了"。因为一切都写在脸上，所以不是他神准，而是我们肤浅。

死定了？还是有救了？

因为我们老是要跟别人对抗，叫"与世亢"，"亢"即"抗"，所以心里面所有的心思都写在脸上。一直在抗争的人，脸上神情会变，气质也随之而变，他变成不是他自己。真相不是季咸算得准，而是我们自己肤浅。壶子就说："好，你既然说他那么厉害，你找他来帮我算命看看。"第二天列子就带季咸来。季咸帮壶子相命，看一看就走出了；列子赶快追出来："请问怎么样啊？"季咸说："死定了，不会超过十天，准备后事吧！"列子听了以后，一路哭进来，他自己不怕死，但是说老师会死，就忍不住哭起来。老师就跟他解释："我刚刚给他看的是像大地一样的神情，是地文，这个叫杜德机。季咸进来看相的这一机，是当下的机缘，我示的相是杜德，杜德是把我的生机、生气关闭，他当然说我死定了。我让他看像大地的神情，大地是不动的，好像一片死寂。我是把自己的德关闭。在道家来说，德就是我们的真实生命，我把我的生命、活力关闭了，他一看我就看到死气沉沉，如同湿灰一般，湿透的灰就再也不会复燃了。"

第三天季咸进来看看又出去了，列子紧跟于后，问到底如何。季咸回答："算你老师幸运碰到我，有救了。"列子听了很高兴，赶紧进门说："老师，他说您有救了。"老师说："对啊，因为我刚刚给他看的是天壤。天生万物，生生不息，最为生动。地文是静的，天壤是天地一气之象，天地整个气象就在生动中，从杜德转为善德，这叫'杜权'，即关闭中有权变，已透显一线生机，在关闭中已有权变，这叫'善德机'，我这一机表现出来就是我的生机、生气。善是道家的自然，善在自然无心的德，我显发生机，他当然说我有救了。因为这一机我把自己深藏的生命之气透显出来，德就是我们的天生本真，善就是天真本德流露出来，所以他当然说我有救了。再找他来。"

来到第四天，季咸进来看一看，又出去了，列子赶紧问说："今天看起来如何？"列子仿佛被牵入变化万千的迷魂阵一样，因为两个高人在比道行，看谁高深。季咸回答："不行，今天你的老师相貌不整齐，难以断定，请他脸相整齐之后，我再来看。"可见季咸相命是真的根据相来说命，他可不是随便算。列子听了这一番话，只好进去据实以告："老师，人家说你的相貌不整齐，今天他不能断定你好还是不好，等你相貌整齐以后再说。"老师就做解释："我今天给他看的是太冲莫胜。"胜即朕，冲即虚，莫胜即没有朕兆，何谓不整齐呢？我猜壶子的眉毛一边向上，一边向下，半边脸神采飞扬，另半边脸黯然神伤，这要怎么看命？一边欢喜，一边悲伤，既欢喜又悲伤，不整齐故不能断，要根据哪一边断呢？刚好两边平衡。衡气机就是两边平衡，所以季咸当然无从论断。

"未始出"——看不到，只好逃！

老师要季咸再来。这是第五天了，季咸刚跨过门槛，两脚还没有站定，马上转头旋风似的逃走了。季咸到底看到什么？只有一个解释，他吓坏了，壶子不放过他，下令"追之"。列子能御风而行，是全世界跑得最快的人，他像一阵风出去了，又回转来，他向壶子报告："老师，季咸不见了，在大地消失了。"只有列子有资格讲这个话，因为没有人可以逃过列子的追赶，列子没能追到他，代表这个人在人间消失，从此在江湖除名，因为他的招牌砸掉了。一生帮人家算命，到最后自己逃走，那还能叫神巫吗？从此退出江湖。所以季咸还算是英雄好汉，他绝对不是个江湖混混。

现在我们要问他到底看到了什么。老师说，我刚刚给他看的是"未始出吾宗"，宗为宗主；我给他看的是我从来没有走离的"生命本身"，每个人都有真正的我，这叫宗，"未始出"就是我没有从真我走出来，因为只有真我走出他自己，对方才看得到。

人生在世，我们都是走出真我给别人看的。我在我爸爸面前，我就是给出做儿子的样子；在我儿子的面前，我给出来的姿态是爸爸；在我老师的面前，我显学生相；在我学生的面前，我显老师相：这就叫作应机。应当下那一机当老师，应当下那一机当学生，应当下那一机当爸爸，应当下那一机当儿子。当下那一机，你就要给你自己一个身份，走出来给人家看，不管当爸爸、当儿子、当老师、当学生，都是我。但在某一人际关系，某一特定场合，我们自然会以那一个姿态出现，像演讲时我是以一个讲者的姿态出现。平时就不会这样，平时和朋友在家里喝茶、聊天，如果也像这样开讲，我看客人就都走光了。人家来聊天，干吗老是演讲？这代表你这个人没有应机，你以为每一个人来都想听你演讲，这就是你的执着，不能灵活应当下那一机。

渊水三态，当机示相

人生都有一个真正的我，未始出吾宗，就像一个渊，这个深渊藏有水，但是这个水可以是静止的水，这个水也可以是流动的水，这个水还可以是又动又静的水。它盘桓，绕圈子，原地打转，所以同样都是深渊的水，却有三种形态：静止的水，流动的水，盘旋的水。真我就是生命本身，同样能以静的、动的、又动又静的三种姿态出现。静的看起来死定了，动的看起来有救，又动又静看起来不整齐就无从论定。原来人的真我就像深渊一样深不可测啊！每一个人的生命都是无穷的可能，深不可测，我们出现在别人面前的自己，是我们走出来给别人看的，就好像你递名片，给出名片对方就知道你是谁，所以递名片就是我走出我自己，给别人看。

我们站出来给别人看，人生路上每一个人都画脸谱、戴面具，我画爸爸的脸谱当爸爸，画儿子的脸谱当儿子，画老师的脸谱当老师，画学生的脸谱当学生，所以我们以某一个姿态出来是杜德机、善德机，还是衡气机，各应不同的机，这叫作当机示相。示相就是要把这个相给出来，有时我们骂别人不识相，是因为我已示相了，你怎么可以不识相呢？有时我们自己真人不露相，这叫"未始出吾宗"，深藏不露，人家看不到啊！平时看得到的是当下这一机，这一机里面你给人家看什么，人家才看得到什么，所以壶子说，是我决定要给算命的人看什么相，主动权在我。这让大家完全改观，平时是算命的人在算定你的命，现在是我决定他看到什么相。譬如你去算命，你显伤感相、垂头丧气给他看，他就算你没什么希望；过不了两秒，你突地神采飞扬，他吓坏了："怎么马上变了？你这个人大吉大利。"那刚刚他不是说你大凶吗？因为你给出得意的神情或失意的神情，是你决定的。所以我们都在示相，示相就是在画脸谱、戴面具，我们在扮相。

扮相平时我们叫示相。壶子最后让季咸看的是真人不露相，他深藏不露；季咸进去一看，什么都看不到。因为他不露，不给你看，你能怎么样？季咸一生帮人家相命，看到人家的相才能说人家的命好不好，看不到对方又如何算？一生算人家的命，到最后竟连对方的相都看不到，你说他要不要逃？当然逃！对方不把那个相展示出来，你就看不到相。对方不示相，季咸不识相，因为真人不露相。

真人不露相，季咸不识相

真正的真人，人家是算不到他的命的，平时你可以看到我，相到我，是我走出来给你看、让你算。就好像跟小朋友玩捉迷藏，我们跑去藏，他就开始数"一、二、三……七、八、九、十"，然后喊"好了没有？"，我们喊"好了"——等于告诉他我在这里，先示相你在这边，让他找到你。他找不到你，下次就不玩了。你要想办法让他找到，藏起来让人家捉不到，这就不好玩了。所以打棒球若对方打不到，人家都不要跟我们比赛。过去中华台北队投手都是三振对方十五六个，美国队就生气，跟中华台北队比赛尊严大受伤损，所以不大欢迎中华台北队去比赛，为什么呢？因为我们的投手就是让人打不到球，那就不叫棒球，那叫打没有球。棒球是打得到才叫棒球，棒球是用球棒把球打出去，结果对方大棒一挥通通落空，因为你老投变化球，谁愿意跟你比赛！

神算季咸逃走了，壶子为什么要下令追之呢？因为壶子要救季咸，要把他追回来跟他讲道理，他就不会被吓坏了。而且壶子不让对方看到是什么意思，因为我不给出相让你看，就是我没有相，我不露相。此时壶子就像一面镜子，季咸帮他算命，没想到却看到自己；他一生都忙着算人家的命，从来没有看过自己，这下老师不示相，反而化成一面镜子的姿态出现，季咸一眼看到自己，看到怎样的自己呢？天涯沦落人的自己，一脸衰败，一脸风霜。季咸从来就没有好好看过自己，现在是壶子让季咸骤然看到自己，他吓坏了，受不了自己，他才发现原来自己是这一副德形，是这样一个失魂落魄相，所以他就此逃开了。故事就此结束。

但最后有个后续性的尾声，就是列子此后离开老师的身边，他自己很惭愧：怎么会认为老师第二，季咸第一呢？于是他回到家乡，三年闭门不出，每天帮太太做菜、做饭，而且"食豕如食人"，养猪如养人一样，打破人跟猪的界限，自己跟猪一起过活，放下人的高贵。没有任何事情是他特别喜欢的，也不去雕琢什么，让自己回归自然，不再参与人间的活动，藏身天地一隅，修身养性，无心、无知、无为，足不出户，闭门思过，要把那个失落的自己找回来，也活回来。

不过写列子也等同写季咸，想必季咸也在修养自己，试图把自己重新活回来吧！

心如明镜，应而不藏

每个人的生命都是无限的，真人是"未始出吾宗"，就像深渊一样，但深渊可以给出三种水的姿态，就像本来真人不露相，但是可以给出三种不同面相。所以我们平时给人家看是为了方便，不是我们只有这样子。也许在公司我是一个总经理，但是我还是一个好爸爸、好先生，到职场我是个总经理，回到家就不是，跟朋友聊天就不是；如果跟朋友聊天也当总经理，就很差了，就没有应当下那一机。所以人有无限的可能，可以无限的灵活，人生旅程随时才会有新的面貌出来。

不要把职场那一套、把总经理那个味道带回家里，下班了，回家就是爸爸，怎么还当总经理？要当机示相，在回到家这个机，你是爸爸、你是先生，要把上班那个总经理的身份地位给忘记，不然的话，你就做不好先生、做不好爸爸。我们人际关系发生困难，就是我们没有放开另外一个场合的身份，把另外一个身份带到这个场合来就是不对劲、不贴合、不感应，所以我才说要放下来。因为我有无限的可能，每一个当下应机都是最好的姿态。你不能老是不露相，要露相，不露相是要教导季咸跟列子的。要当机示相，应不同的机，示不同的相，不要在各种不同场合都用同一个面孔，在职场是这个面孔，回到家也是这个面孔，谁受得了？所以要当机以示相，这代表我们的生命无限的灵动与可能。

人生应帝王,帝王的话就是要跟人相处,要在人间做人,我们要让我们自己无限的可能,在每一个当下以最好的姿态出现,好好地做人,也好好地过活。当壶子最后"未始出吾宗"的时候,事实上是以一个"明"镜的姿态出现。"至人之用心若镜,不将不迎,应而不藏,故能胜物而不伤。"我们来看这关键性的语句,这是庄子很精彩的一段话。"明王"与"未始出吾宗"都是用心若镜,壶子让对方看不到他,反而看到对方自己,这是化身镜子的妙用,所以至人是道家修养境界最高的人。至人的心像一面镜子,镜子没有自己,以无己、无功、无名的"无",去照现天下万物的"有",这就是"有生于无"的生成原理。

假定镜子有自己的话,它就不是镜子,它有自己的底片,贴上自己的照片,就照不到别人。所以对镜子来说,"不将不迎",它没有要抗拒谁,也没有特别欢迎谁,因为它是镜子,它无心,没有好恶,什么人来它都照,而且照现每一个人全面的美好,而不会有没被看到的遗憾。

应而不藏,应就是因应,顺应面前的事物,你什么神情它就照出什么神情;它只是照你,它不会把你藏在心里,所以说"应而不藏"。因为你把它藏在里面,就像照相机的底片,你一按的话,影像一进去,就不能再照别人了;镜子从不把它所照的身影，藏在自己的心底，所以它才会永远清明。我们的心经常藏了很多从小到大的坎坷、辛酸、困苦、悲欢离合，在心底积累成尘垢污染，就因为你藏太多，失去清明，而再也看不到别人。

依道家的说法，我们的心像镜子观照万物，还出万物的本来面目，他走开，就要把他忘记，因为你要把你的空间留给另外一个人，这样才能"胜物而不伤"。我放空了我自己，把空出来的空间，留给出现在我们眼前的人，不仅看到他，还要看到他全部的好，没有保留，把全部的美好像礼物般还给他，尽物而没有不被看到的委屈跟遗憾。

照现原形，应物无心

新屋落成，我们喜欢在家门前挂一面镜子，为什么呢？因为没有东西能藏在镜子里，它马上反射回去，所以邪魔外道被镜子反射回去，进不了我们家门，没有人能闯进镜子，所以叫照妖镜。照妖镜很有意思，妖怪要进来，一照到镜子，看到自己那么丑，把自己给吓坏了，就逃掉了。妖怪本来要吓我们，现在让他现出原形，他自己都受不了。所以镜子的功能是不让一些不好的进到自家里。镜子不藏，所以永远清新。

另外，镜子又可以照现一切的美好，把天下人的好照现出来。人在镜子面前，不必作假，总是以真的姿态出现，所有妖恶就不见了。很多人愿意跟你做朋友，因为你都看到他，所以最有人缘的人就是心像镜子的人，那样就是帝王之德，四海都来归，大家都跟他做朋友就是人间的帝王。所以因应无心，就是帝王之德，天下的人都在镜子面前看到自己。你想去看别人，别人不一定答应；假定你是镜子的话，全部的人都会走到镜子面前给你看个够，而且把最好最真的形象给你看，这不是有君临天下的气势跟格局吗？就好像阅兵一样威武壮观。这就是"至人之用心若镜"的大道理。

"能胜物而不伤"，"胜物"就是尽物，就是把对方照得很清晰。对方所有的美好都在镜子面前照现出来，这是我们给出的最大的善意跟温暖，一定要让他尽，他才没有遗憾，因为他所有的，你都知道，这叫相知。只有镜子才能看到对方全部的美好，什么都被看到，这叫尽物而不伤，双方都不会有缺憾。因为它照现你，并没有压缩你、扭曲你，它对你没有期许，没有责求，没有压力，也没有伤害，所以全世界的人都喜欢照镜子，在镜子面前完全放松自己，也展现自己的美好。这就是从明王到深渊再到镜子，一连串的虚静观照，而照现万物，这才是帝王之德。

帝王之德就是看到全天下的每一个人，老师看到每一个学生，父母看到每一个子女，朋友看到每一个朋友，怎么才会看到？心虚静如镜，镜子象征帝王之德，因镜子是"应而不藏"，不藏所以能尽，整体都被看到了，我们被看到的感觉真好！被赏识、被肯定、被赞美，这是一生最难得的成就感，而镜子没有隐藏，没有遗漏，它都看到了，而看到等同生成。

开了窍浑沌死

《应帝王》最后一个寓言故事，说有南北二帝，一个是南海之帝叫儵，一个是北海之帝叫忽，一起到名之为浑沌的中央之帝那儿去度假。儵（现写作倏）、忽，就是很短暂的意思，代表人间的权势是很短暂的、功名富贵是很短暂的，你不要看他那么高贵，那么权倾天下，都是在倏忽之间而已。中央之帝名曰浑沌，这里没有执着与分别，心里什么都没有的乡土就叫浑沌，正因什么都没有，所以到那地方才是真正的度假。因为所有的人都不知你是何许人物，所以就可以完全放松，放下所有的压力，而融入自然美景。

南海之帝、北海之帝日理万机，到这什么都没有分别的地方，得到了完全的休息。两人在此休养生息，十分感念浑沌，感谢中央之帝没有什么接待，没有安排活动，而让他们得以充分休息，所以就想回馈浑沌。要送什么礼物来报答呢？电视、电冰箱都没有用，两人一想，我俩都有五官，五官有七窍，而浑沌没有，所以就想为他开窍。因有五官才能视听食息，才能看美景，才能听音乐，才能品味，所以他们为浑沌开窍。一天开一窍，七天开七窍，结果浑沌死了。浑沌本就没有七窍，才叫浑沌，他有七窍，就跟人一样只活在倏忽之间了。

本来浑沌就是真人不露相，结果帮他开窍，露相也破相了，就变成了跟北海之帝、南海之帝同等的人物。本来是感谢浑沌，结果置浑沌于死地。所以帝王之德就是要保有浑沌，不要帮天下人开窍，帮人开窍看似好意，反而破坏了浑沌无心自然的理境。内篇从《逍遥游》第一篇的大鹏怒飞，到了《应帝王》最后一篇浑沌却死了，庄子给我们的期许是像大鹏鸟一样在天上飞，而人间世界不免为浑沌开窍，去追求高度文明，而让农村乡土、让每一个人的真性情，在人间消失。

由此可见，真正的帝王是不开窍的，是把自己放下来，是无心、无为，没有分别，没有造作，那才是人间的真实美好。道家最后讲《应帝王》，是说因应无心乃帝王之德，应物无心，我们每个人都可以是帝王，都是自由自在的无冕王，是最闲散的人，也是最幸福的人。我们自己不当皇帝，让每个人都是皇帝，孙中山先生的品格，就在这里凸显出来。但愿我们家里都是总统套房，但愿每一餐都是满汉全席，大家心都放下来，没有压力，生命自在。

"庄子七讲"，到此告一段落，请来庄子这位大哲人、大文豪陪我们走一段回归自然的生命之旅，可以大鹏怒飞，也可以做个无冕的帝王。

寓言之内涵说解

◎凿破混沌重启生机

《庄子·应帝王》最后一段寓言，说"凿破浑沌"的故事，人物主角是"南海之帝"（名曰儵）与"北海之帝"（名曰忽），情节在两大巨头，总会不定期地来到"中央之帝"（名曰浑沌）的国度，做一度假式的南北之会中展开。

帝王家打天下，进而治天下的千秋大业，从天地悠悠而言，皆是儵忽之间的事。相对之下，人间权势名利，诚如浮云过太虚，转眼即逝，不做任何停留。

"浑沌"是无执着无分别的存在样态，当然是度假的胜地，有如夏威夷海滩，碧海蓝天，水天一色。儵与忽暂且放下日理万机且得当机立断的政治生涯，来此偷得浮生七日之闲，无盟约、无权谋，无纵横捭阖，亦无条件交换，完全放下而回归生命本身。

说中央之帝名曰浑沌，意谓权势争逐是一时的，天地自然才是长久。浑沌接待南北二帝，是以不待待之，无简报，无参访，亦无记者会，当然更无须发表联合声明。所谓"待之甚善"，不是技巧性的巧妙运用，而是修养功夫的无心天真，此等同不接待，而不接待即无待，无主客二分，而从物我对列中超拔出来。解消自我的武装与人我的对抗，使物我一体而情景两忘，没有天涯做客的漂泊感，故南北二帝颇有宾至如归的自在自得，身心得到了全然的休养生息。

两人感觉甚佳，心中萌发要如何报答浑沌无心接待的美德。两人你看我，我看你，在顾盼之间忽地灵光一闪，心有灵犀一点通地说道："每一个人天生都有七窍，借以视听食息，一者调养自我，二者通向天下，唯独浑沌老兄没有七窍，可以作为与天地万象交接的窗口。我们就为浑沌老兄开窍吧，略尽我们感谢的心意！"

南北二帝就此每日为中央之帝开凿一窍，七日开凿七窍，有如创世纪般；未料在大功告成之日，却发现浑沌死了，无心自然的浑沌天地，就此在人为造作间崩解。道家义理，所谓"自然"有两重的区分：一是天生的自然，或谓现象的自然；二是修行的自然，或谓境界的自然。

南北二帝所凿破的自然，乃是天生的自然与现象的自然，此一原始朴质的凿破，是文明的起点。不过，随之而来的主客对立与物我有隔的存在样态，从生命自然的观点而言，却是人与存在时空、与天地万象的破裂。

浑沌无执着、无分别，自有物我不分的一体和谐，问题在，那是未经人文心灵去开发与修养功夫去照现的初度和谐。此一原始和谐的背后，藏有被天行规律与天生形气所封限的苍茫与悲凉。故南北二帝倏忽之间的人为造作，虽凿破了中央之帝的浑沌，却也开启了人文涵养的空间，并给出了精神飞跃的天地。

浑沌死了，生命在此要有一转折，甚至有一翻越而重启生机，经由致虚守静的主体修养，解消心知执着的痴迷与人为造作的狂热，走出倏忽虚妄的假象幻境，而以虚静心观照天地万象，将现象的自然转化而为境界的自然。而通过"凡物无成与毁，复通为一"（《齐物论》）的转化功夫，所朗现的一体境界，才是道家心灵所追寻的二度和谐。以是之故，道家的天真，不是"无知"的浑沌，而是"不知"的观照！

附录　内七篇的理路架构

逍遥游

一、哲学的两大功能

    1. 解释人的生命何以有限——同情与包容

    2. 给出未来的希望与远景——出路与动力

二、逍遥游解题："消尽有为累，远见无为理"

    1. 逍是消掉人的有限与困苦——过而忘

    2. 遥是开发无限的精神空间——引而远

    3. 游是自在自得

        逍在打掉"他在他得"的"他"

        遥在把"自在自得"的"自"活回来

三、大鹏怒飞的主题寓言

    1. 由小而大的成长

    2. 由大而化的飞跃

    3. 人的大化与自然的大化同体流行

4. 南冥不离北冥，天池是天人合一的理想境

5. 小麻雀不知大鹏鸟的心胸气魄

四、生命的四层境

1. "知效一官，行比一乡，　　　有功有名，有求于外
   德合一君而征一国者。"　　　一如小麻雀

2. "宋荣子犹然笑之，　　　　　无功无名，困守于内
   定乎内外之分，　　　　　　有己未树
   辨乎荣辱之境。"

3. "列子御风而行，泠然善也，　随风飘落，免于行累
   旬有五日而后反。"　　　　　无己有待

4. "至人无己，　　　　　　　　列子——形躯的修炼
   神人无功，　　　　　　　　至人——精神的解放
   圣人无名。"

   "乘（统有）天地之正（常）　不可乘—不必乘 ⎫
   御（操控）六气之辩（变）"　不可御—不必御 ⎬ 不必待

   以游无穷者，彼且恶（何）乎待哉！　无穷就在无待

5. 不自外于 ⎡ 天地——与天地同在
            ⎣ 万物——与万物同行

   （随地）所在皆是 ⎡ "是"　⎡ 在　每一角落　空间 ⎤ "所遇斯乘"
   （随时）当下即是 ⎣ 在那里 ⎣ 在　每一刹那　时间 ⎦ （郭象注）

五、惠子与庄子的生命对话：所用之异也

1. 惠子　魏王贻我大瓠之种　　坚不能自举 ⎫ 为其无用
         树之成而实五石　　　　瓠落无所容 ⎬ 而掊之

   庄子　夫子固拙于用大矣　　有蓬之心

　　　　　虑之以为大樽 ┐
　　　　　　　　　　　├ 大瓠本身的用
　　　　　浮于江湖　　┘
　2. 惠子　山樗（樲）　大本臃肿　不中绳墨
　　　　　　　　　　　小枝卷曲　不中规矩
　　　　　子之言，大而无用，众所同去
　3. 庄子　狸狌卑身而伏，以候遨者
　　　　　东西跳梁，不辟高下　　小而有用
　　　　　　　　　　　　　　　　　↓
　　　　　却中于机辟，死于罔罟　却自陷死地
　　　　　斄牛能为大而不能执鼠　大而无用
　　　　　　　　　　　　　　　　　↓
　4. 今子有大树，患其无用　　　反得成全
　　　何不树之于无何有之乡 —— 逍
　　　　　　　广莫之野 —— 遥
　　　　　　　无为其侧 ┐
　　　　　　　　　　　 ├ 游
　　　　　　　寝卧其下 ┘
　　　"无所可用，安所困苦哉？"　困苦在有用
　　　　　　　　　　　　无用之用，回归生命本身的大用

齐物论

一、人生两大问题
　　1. 自我的超拔提升 —— 逍遥游 ┐
　　　　　　　　　　　　　　　　 ├ 在齐物论中逍遥游
　　2. 物我的同体肯定 —— 齐物论 ┘

二、齐物论解题

1. 齐"物"之论：万物平等
2. 齐"物论"：各大宗教的教义平等，儒墨两家的哲学思想平等
3. 齐"物"之道在齐"物论"：教义平等之下的信徒平等

三、齐"物论"之道何在？

1. "物论"救人，也伤人：异教徒、非我族类
2. "物论"不能统一，也不能取消
3. 故唯有走向"超越"一途，跳开既有的格局，再回头来肯定
   - 照之于天，莫若以明
   - 因是两行："是"一起出来，两行是两大家并行

四、万窍怒呺的主题寓言——逼显天籁

1. "大块噫气，其名为风，是唯不作，作则万窍怒呺。"
2. "地籁则众窍是已，人籁则比竹是已，敢问天籁？"
3. "夫吹万不同，而使其自己也，咸其自取，怒者其谁邪？"
4. 天籁：无声之声，地籁人籁之价值根源

   地籁：有声之声　地籁之和 ┐
   　　　　　　　　　　　　　├ 是为天籁
   人籁：有声之声　人籁之真 ┘

5. 证存真君

   真君：无形之我

   百骸 ┐
   九窍 ├ 有形之我
   六藏 ┘

   "吾谁与为亲？汝皆说之乎？其有私焉？如是皆有为臣妾乎？其臣妾不足以相治乎？其递相为君臣乎？其有真君存焉！"

五、成形与形化的执迷与痴狂

1. 心在物中："一受其成形"

2. 心执着物："其形化，其心与之然"

3. 心陷溺物："与物相刃相靡"

   "与接为构，日以心斗"

   与物交接，而构成心知

4.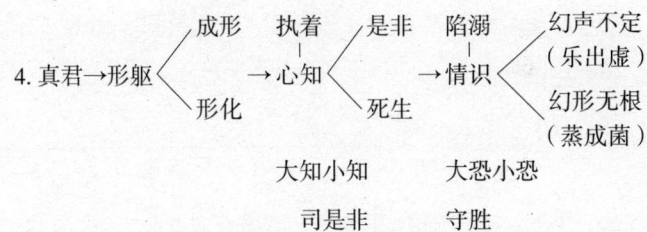

   　　　　　　大知小知　　大恐小恐

   　　　　　　　司是非　　　守胜

六、超越儒墨以照现儒墨的因是两行之道

1. 心知的"成"，引来生命的"毁"："成"在执着，"毁"在造作

2. 道体的"有""无"，在生命存在的每一当下，同时并现

3. 由"知"进为"不知"的修养功夫，开显"至矣"的生命理境

4. 忘年忘义的和以天倪

七、"罔两问景"与"庄周梦蝶"两则寓言的义理解析

养生主

一、存在的处境与困局

1. 自我的有限性　　　　　　"吾生也有涯，

   成形与形化

2. 天下的复杂性　　　　　　而知也无涯，

   大知小知，大恐小恐

3. 有限的自我　　　　　　以有涯随无涯，殆已；

　　投入天下名利权势的无限追逐

　　命定是事实的不可能，

　　更是价值的不值得

4. 如此，还坚持走下去，　　已而为知者，殆而已矣。"

　　不仅是困局，根本就是悲剧

　　"年命在身有尽，心思逐物无边。"（宣颖南华经解）

二、养生主解题

1."养生"之主：养形

2. 养"生之主"：养心

3."养生"之主在养"生主"：养形之主在养心

三、善恶是名，善恶也是刑

心知是名，生命是刑　　成名人乃受刑人

1."为善无近名，为恶无近刑。"

　·无为近名之善，无为近刑之恶——名是善，刑是恶

　·无为善，无为恶——不知善，不知恶

　·善恶的分别是名，善恶的压力是刑

2. 有名有刑——有心有为——自困自苦

　 无名无刑——无心无为——自在自得

3. 缘督以为经，顺中以为常

　"奇经八脉，以任督二脉主呼吸之息。身前之中脉曰任，身后之中脉曰督。督，居静，循虚而行。"（王船山）

四、庖丁解牛的主题寓言 ┬ 牛体是人间世
　　　　　　　　　　　├ 刀刃是生命自我
　　　　　　　　　　　└ 解是解开

1. 莫不中音，合于桑林之舞
2. 臣之所好者，道也，进乎技矣！
3. 解牛的三层次与其理境

　　①始臣之解牛之时，所见无非牛者。——目视

　　②三年之后，未尝见全牛也。——心知

　　③方今之时，臣以神遇而不以目视，官知止而神欲行。

　　　——神遇

　・良庖，岁更刀，割也；族庖，月更刀，折也。

　　今臣之刀十九年矣，所解数千牛矣，而刀刃若新发于硎。

　・"彼节者有间，而刀刃者无厚，以无厚入有间，恢恢乎其于游刃必有余地矣。"

五、右师之介与泽雉之神王

1. 右师：人文之有名
　　介：　　　有刑　⎤为恶无近刑

"恶乎介也？天与，其人与？天也，非人也，天之生是使独也，人之貌有与也。以是知其天也，非人也。"

2. 泽雉：自然之无名
　　神王：　　　无刑　⎤为善无近名

"十步一啄，百步一饮，不蕲畜乎樊中。神虽王，不善也。"

六、悬解——解开"倒悬"：生死有如人生来去的一段行程

1. 夫子之"来"，适其时也；夫子之"去"，适其顺也。

　　安时而处顺，哀乐不能入

2. 可见的薪木是有时而穷，当火光闪现的当下，心中却"不知"其尽。

七、自我的有限——逍遥游——走向无限

天下的复杂——齐物论——回归单纯

齐物论：无名→无待
　　　　　↓　　↓
逍遥游：无刑→游于无穷

人间世

一、解题

人跟人之间所构成的关系世界，由困局逼出难关

吾生也有涯——命关

而知也无涯——义关

二、人世两大难关：天下有大戒二：其一命也，其一义也

1. "子之爱亲，命也，不可解于心。"

   天生的"命"：自我的有限性

   自我从父母来，命在"爱"亲，且是不可解

   天伦：天生是一家人，不可分离

2. "臣之事君，义也，无适而非君也，无所逃于天地之间。"

   人间的"义"：天下的复杂性——阴阳之患，人道之患

   人伦：人间相遇相知，可以分离

三、解开人间两大难关

1. 不择地而安之，孝之至也："子于父母，东西南北，唯命之从。"

   不择事而安之，忠之盛也："行事之情，而忘其身。"

2. "知其不可奈何，而安之（义）若命，德之至也。"

3. 自事其心——虚静心，不必解，何须逃

乘物以游心——乘天地，御六气，游乎四海之外

托不得已以养中——寄身不得已的人间，以养吾心的冲虚

四、心斋功夫的修行与养成：由戒而斋

1. 颜回："医门多疾，愿以所闻思其则，庶几其国有瘳乎？"

孔子："若殆往而刑耳！"

2. 好名师心——未达人心，未达人气

- 灾人——"以人恶有其美也。"

"人必反灾之。"

- 益多——"而目将荧之，而色将平之，口将营之，容将形之，心且成之。是以火救火，以水救水。"

3. 敢问心斋：

- 无听之以耳，而听之以心——由外而内

- 无听之以心，而听之以气——由有心而无心

- 听止于耳，心止于符，气也者，虚而待物者也——

虚静观照万物，贴心达人心，感应达人气

"待"不是"对待"，而是观照，在"照"物中"生"物

- 虚室生白，吉祥止止

五、形莫若就，就不欲入；心莫若和，和不欲出

1. 彼且为婴儿，亦与之为婴儿；彼且为无町畦，亦与之为无町畦；彼且为无崖，亦与之为无崖，达之入于无疵。

2. 养虎不敢以生物与之，为其杀之之怒也；不敢以全物与之，为其决之之怒也。

虎之与人异类，而媚养己者，顺也，故其杀者，逆也。

3. 爱马者以筐盛矢，以蜄盛溺。适有蚊虻仆缘，而拊之不时，则缺衔毁首碎胸，意有所至，而爱有所亡。

六、无用之用，人世自处之道

1. 栎社树：趣取无用，则为社，何也？

   其大蔽数千牛，观者如市，匠伯不顾。

   不材之木，散木，故能若是之寿。

   "予求无所可用，久矣，乃今得之，为予大用。而几死之散人，又恶知散木？"

   "彼亦直寄焉，以为不知己者诟厉也，不为社者，且几有翦乎？"

2. 支离其德：支离疏，支离其形——挫针治繲，足以糊口，鼓策播精，足以食十人；上征武士，则支离攘臂而游于其间。

3. 人皆知有用之用，而莫知无用之用也。

德充符

一、解题

"德充于内，应物于外，外内玄合，信若符命，而遗其形骸也。"（郭象）

二、王骀：虚而往，实而归

1. 以其知得其心，

   以其心得其常心。

2. 人莫鉴于流水，而鉴于止水。

   唯止能止众止

   正生以正众生

三、申徒嘉：见执政而不违

1. 游于羿之彀中，中央者，中地也，然而不中者，命也。

2. 知不可奈何，而安之若命，唯有德者能之。

四、叔山无趾：犹有尊足者存

1. 夫天无不覆，地无不载，吾以夫子为天地，安知夫子之犹若是也！

2. 胡不直使彼以死生为一条，以可不可为一贯者，解其桎梏，其可乎？

3. 天刑之，安可解？

五、哀骀它：以恶骇天下

1. 所爱其母者，非爱其形也，爱使其形也。

2. 才全而德不形

    · 死生存亡、贤与不肖、寒暑——命之行也

      穷达贫富、毁誉、饥渴——事之变

    · 使之和豫通，而不失于兑。

      与物为春，是接而生时乎心者也。

    · 内保之而外不荡也。德者，成和之修也。

六、闉跂支离无脤、瓮㼜大瘿

1. 德有所长，形有所忘

   有人之形，无人之情

2. 知为孽，约为胶，德为接，工为商。圣人不谋，恶用知；不斫，恶用胶；无丧，恶用德；不货，恶用商（工）：四者，天鬻也，既受食于天，又恶用人。

七、惠施与庄子的对话——无情在不以好恶内伤其身

惠子：人而无情，何以谓之人？

庄子：道与之貌，天与之形，恶得不谓之人？

惠子：既谓之人，恶得无情？

庄子：非吾所谓情也，吾所谓无情者，言人之不以好恶内伤其身，常因自然而不益生也。

大宗师

一、解题
宗大道以为师

体现天道的生命人格之大

二、有真人而后有真知
1. 知天之所为，知人之所为者，至矣。

2. 知天之所为者，天而生也。

3. 知人之所为者，以其知之所知，以养其知之所不知。

4. 终其天年，而不中道夭者，是知之盛也。

5. 虽然，有患，夫知有所待而后当，其所待者，特未定也。

6. 庸讵知吾所谓天之非人乎？所谓人之非天乎？

7. 且有真人而后有真知。

三、何谓真人？真人修行之道
1. 去心知之执

不逆寡，不雄成，不谟士。

过而弗悔，当而不自得也。

2. 解情识之结

其寝不梦，其觉无忧，其食不甘，其息深深。

3. 破生死之惑

不知说生,不知恶死;其出不䜣,其入不距。

凄然似秋,煖然似春,喜怒通四时,与物有宜。

4. 以刑为体——承受

以礼为翼——通过

以知为时——化解

以德为循——实现

四、人相忘于道术,鱼相忘于江湖

1. 子贡:(子桑户死)临尸而歌,礼乎?

孟子反、子琴张:是恶知礼意?

2. 孔子:彼游方之外者也,而丘游方之内者也。

子贡:夫子何方之依?

孔子:丘,天之戮民也,虽然,吾与女共之。

3. 子贡:敢问其方?

孔子:鱼相造乎水,人相造乎道。

相造乎水者,穿池而养给;相造乎道者,无事而生定。

故曰:鱼相忘乎江湖,人相忘乎道术。

五、死生一体,造化何拘

1. 子舆有病,子祀往问之。

曰:嗟乎,夫造物者又将以予为此拘拘也。

浸假而化予之左臂以为鸡,予因以求时夜;浸假而化予之右臂以为弹,予因以求鸮炙;浸假而化予之尻以为轮,以神为马,予因以乘之,岂更驾哉?

2. 俄而子来有病,喘喘然将死,其妻子环而泣之。子犁往问之,

曰:叱避,无怛化。

倚其户，与之语曰：伟哉造化，又将奚以女为？将奚以女适？以女为鼠肝乎？以女为虫臂乎？

3. 子桑若歌若哭，鼓琴曰：

父邪母邪，天乎人乎？父母岂欲吾贫哉？天地岂私贫我哉？求其为之者而不得也，然而至此极者，命也夫！

应帝王

一、解题："人皆可为尧舜"的道家版

　　1. 应物无心，乃帝王之德

　　2. 应物无心，有如帝王之自在自得——无冕王

二、明王治天下之道

　　1. 鸟高飞以避矰弋之害，鼷鼠深穴乎神丘之下，以避熏凿之患，而曾二虫之无知？

　　圣人之治，治外乎？（狂接舆答肩吾评日中始）

　　2. 何问之不豫也？

　　汝游心于淡，合气于漠，顺物自然，而无容私焉，而天下治矣！

　　（无名人答天根）

　　3. 明王游于无有

　　· 阳子居：向疾强梁，物彻疏明，学道不倦，如是者可比明王乎？

　　· 老聃：是于圣人也，胥易技系，劳形怵心者也，且也虎豹之文来田，猨狙之便，执嫠之狗来藉，如是者可比明王乎？阳子居蹴然曰：敢问明王之治？

- 老聃曰：明王之治，功盖天下而似不自己，化贷万物而民弗恃，有莫举名，使物自喜，立乎不测，而游于无有者也。

三、神巫季咸：未始出吾宗

    1. 湿灰：示之以地文——杜德机

    2. 杜权：示之以天壤——善德机

    3. 不齐：示之以太冲莫胜——衡气机

    4. 渊有九名，此处三焉：止水、流水、回旋的水渊——未始出吾宗

四、至人用心若镜

    1. 无为名尸　　汇归处

       无为谋府　　储藏所

       无为事任　　指挥中心

       无为知主　　司令部

    2. 体尽无穷而游无朕

       尽其所受乎天，而无见得，亦虚而已。

    3. 至人之用心若镜，不将不迎，应而不藏，故能胜物而不伤。

五、浑沌的凿破——在凿破现象的自然中，开显理境的自然

    1. 南海之帝为儵，北海之帝为忽，中央之帝为浑沌。

    2. 儵与忽时相与遇于浑沌之地，浑沌待之甚善。

    3. 儵与忽谋报浑沌之德，曰：人皆有七窍，以视听食息，此独无有。

    4. 尝试凿之，日凿一窍，七日而浑沌死。

六、总结

```
逍遥游     ┌ 齐"物论" ┐
  ↑       │          │
大宗师 ← ─┤ 养"生主" ├─ ← 人间世
  ↓       │          │
应帝王     └ "德充"符 ┘
```